Der Ethikunterricht

Didaktik des religionsneutralen Werteunterrichts

Ein Kompendium

Norbert Berens

Der Ethikunterricht

Didaktik des religionsneutralen Werteunterrichts

Ein Kompendium

BRIGG Pädagogik

Gedruckt auf umweltbewusst gefertigtem, chlorfrei gebleichtem
und alterungsbeständigem Papier.

1. Auflage 2008
Nach den seit 2006 amtlich gültigen Regelungen der Rechtschreibung

Satz & Layout: grafix&more, Augsburg

ISBN 978-3-87101-282-2 www.brigg-paedagogik.de

Vorbemerkung

Dieses Kompendium über den Ethikunterricht ist das Resultat von fast vierzig Jahren Lernens, Recherchierens und Erprobens in der Praxis. Von Studenten an den Universitäten und den bereits im Beruf stehenden Lehrern sind qualifizierte Anregungen eingeflossen. Eltern haben mit ihren wertvollen Empfehlungen dazu beigetragen, das Fach den gesellschaftlichen Erfordernissen anzupassen, während Neider, Kleingeister und andere menschlich Inkompetente ohne Erfolg versucht haben, seinen Fortschritt aufzuhalten. Im Gegenzug dazu entpuppten sich viele Personen in den unterschiedlichsten Positionen als wahre Freunde und Förderer. Für ihre ermutigenden Worte und ihre tatkräftige Unterstützung sei hier in aller Form gedankt. Ganz besonderer Dank aber gebührt den Schülern und Schülerinnen, die sich mit Begeisterung zur Verfügung gestellt haben, um neue pädagogische Wege zu erproben, und die nie müde wurden, oft noch nicht ganz ausgereifte Unterrichtseinheiten auszuprobieren. Ihnen und ihren Eltern gehören meine Bewunderung und meine tief empfundene Anerkennung.

Der Autor

Inhaltsverzeichnis

Vorwort

Man könnte glauben, der religionsneutrale Ethikunterricht sei freudlos, bieder und grau wie ein verregneter Tag. Dem ist aber ganz und gar nicht so. Im Gegenteil! Der Ethikunterricht ist meines Erachtens mit Abstand das lebendigste, abwechslungsreichste und anregendste Fach im gesamten Schulzyklus, und zwar ganz einfach deshalb, weil es das Fach ist, das von den Dingen des Lebens handelt. Und was könnte lebendiger und lebensnaher sein als das Leben selbst?

Der Ethikunterricht ist ein Fach für Lehrer[1], die das Leben lieben. Ethik ist ein Fach für Menschen, die wissen wollen und die sich nicht scheuen, dem Wissen in all seinen Verstecken nachzuspüren. Es ist ein Fach für Menschen, die ihr eigenes Wissen teilen wollen und sich damit selbst bereichern. Es ist ein Fach, das dazu führt, bewusster und intensiver zu leben.

Ein nichtdogmatischer Ethikunterricht stellt andere Forderungen an den Schüler als es ein religionsgebundener tut.

Ein Werteunterricht, der die Lehre einer Religion vertritt, bietet dem Schüler moralische Konzepte an, die zum großen Teil schon fertig sind. Der Unterrichtete muss lediglich lernen, sie anzuwenden.

Ein Ethikunterricht, der nicht auf die Dogmen einer Religion zurückgreift, muss den Schülern Wege zeigen, die Lebenswahrheiten selbst zu entdecken und zu verstehen. Dies ist ein anspruchsvolles Ziel, dessen – oftmals nur teilweises – Erreichen ein ganzes Leben in Anspruch nehmen kann, jedoch nicht nur größte Befriedigung vermittelt, sondern auch im höchsten Grad faszinierend ist. Allerdings setzt ein religionsneutraler Ethikunterricht auch die Erfüllung gewisser Bedingungen voraus.
Vom Lehrer verlangt er neben dem üblichen handwerklichen Geschick auch Engagement und eine gewisse innere Reife.
Vom Schüler wird der Wille zum Hinzulernen aus Interesse und auch eine gewisse Intelligenz erwartet.

Vor Jahren wollte ich im Rahmen eines europäischen Programms eine pluridisziplinare Arbeitsstruktur aufbauen, in der sich Ethiklehrer von der Grundschule bis zur Universität wiederfinden könnten, ebenso wie Psychologen, Soziologen und Wissenschaftler angrenzender Disziplinen. Das Ziel sollte sein, neues Wissen zu schaffen und sich gegenseitige Unterstützung zu gewähren. Das Projekt ist an der unglaublichen Schwerfälligkeit und Inkompetenz verschiedener Bürokraten in Brüssel gescheitert, deren Entscheidungen es jedoch bedurft hätte. Trotzdem fanden einige internationale Zusammenkünfte statt bei denen die Weichen für die erhoffte Zusammenarbeit gestellt und die Ziele festgehalten wurden, die man erreichen wollte. Dabei wurde auch bei einem Treffen in Lissabon festgelegt, dass man zuerst eine Bestandsaufnahme machen wolle, und zwar in den verschiedenen Regionen oder

[1] Um den Lesefluss nicht zu behindern, verwende ich in dem vorliegenden Buch oft die maskuline Form der Personenbezeichnung. Die feminine Form ist damit selbstverständlich mitgemeint. Das trifft ebenso auf den umgekehrten Fall zu.

Ländern, in denen Ethikunterricht angeboten wurde. Eine erste Überlegung führte dahin, Tests auszuarbeiten mit deren Hilfe geprüft werden sollte, was der Ethikunterricht denn nun bei Schülern bewirkt hatte. Doch dann regte ein portugiesischer Kollege an, doch zuerst zu prüfen, welchen Einfluss der Ethikunterricht auf die Lehrer, und nicht auf die Schüler, gehabt habe. Der anfänglichen Verblüffung folgte sofort das Einsehen: Es ist einleuchtend, dass der engagierte Ethiklehrer nicht umhin kann, schon nach kurzer Zeit sich selbst und sein Weltbild infrage zu stellen. Und das ist gut so! Schließlich soll der Ethiklehrer flexibel sein und seinen Schülern, die oft anders, aber nicht schlechter überlegen als er, nicht im Wege stehen.

Wer sich das Infragestellen zu Eigen gemacht hat, wird bald auch alltägliche Dinge anders sehen und verstehen. Und er wird auch im Alltag wissen wollen, immer mehr wissen wollen. Und er wird dabei zu neuen Erkenntnissen kommen, die manchmal an Banalität grenzen, aber den meisten Menschen nicht bewusst sind. Er wird beispielsweise wissen wollen, was die Namen der Wochentage genau bedeuten und dabei feststellen, dass der Mittwoch nicht der Tag in der Mitte der Woche ist, wie man es vermuten könnte, sondern der Donnerstag. Aber warum will man die Menschen glauben machen, dass es der Mittwoch sei?

Der Ethikunterricht handelt von den Dingen des Lebens. Er bringt das Leben in den Schulsaal. Er bereitet auf das Leben außerhalb der Schule vor. Er zeigt den Schülern, wie man Probleme erkennt, sie analysiert und Lösungen findet. Er lehrt die Schüler, ihr eigenes Wissen mit dem zu verbinden, was sie in der Schule lernen, und mit dem, was man ihnen zu Hause beigebracht hat.

Der religionsneutrale Ethikunterricht vermittelt neue Kompetenzen. Er schafft das Wissen und das Können, das Leben mit Freude und Verstand zu meistern.

Aber er bewirkt noch mehr: Er lässt die Möglichkeit entstehen, der einzigen kleinen Freiheit, die dem Menschen offen steht, einen Schritt näher zu kommen.
Lange Zeit wurde in Philosophenkreisen behauptet, der einzige wahre Unterschied, der den Menschen von den Tieren trenne, bestünde darin, dass der Mensch als einziges Lebewesen in der Lage sei, Entscheidungen frei zu treffen. Heute weiß man das besser: Niemand, der sich auch nur halbwegs mit Tieren auskennt und zu integrem Denken bereit ist, wird noch ernsthaft behaupten, dass sie nicht in der Lage sind, zu denken, und ergo Entscheidungen zu treffen. Andererseits steht auch fest, dass Menschen nicht frei entscheiden können: Zum einen sind sie – genau wie die anderen Lebewesen auch – an die Bedürfnisse ihres Körpers gebunden, zum anderen stehen sie unter dem mehr oder weniger großen Einfluss ihrer inneren Wünsche, Triebe und Zwänge, die jedoch meistens im Verborgenen agieren und dementsprechend nur schwer zu erkennen und zu meistern sind.

Der Ethikunterricht macht Dinge bewusst, auch die unbewussten Wünsche und Triebe, die sich oft aus dem Einfluss der Umwelt und des in ihr Erlebtem ergeben. Und wer versteht, was ihn bewegt und weshalb, der sieht auch seine eigenen Reaktionen in einem neuen befreienden Licht. Dies ist besonders für Unterrichtende wichtig, die sich ja wohl das Ziel (als eines von vielen Zielen) gesetzt haben, ihre Schüler möglichst gerecht zu behandeln. Und wer hat sich, vor einer Klasse stehend, nicht schon selbst die Frage gestellt, warum er ohne bestimmten Grund einen Schüler oder eine Schülerin sympathisch, und andere als unsympathisch empfindet? Wer jedoch weiß, wo in seinem Inneren er nach einer Erklärung suchen muss, kann sich leicht selbst von solchen unbewussten und wohl auch unerwünschten Einflüssen befreien.

Auch in anderen Situationen handeln wir nicht immer frei, sondern unter dem unbewussten Zwang des Erlebten oder Erduldeten. Und auch hier vermag der Ethikunterricht zu helfen und dem Menschen wenigstens ein kleines Stück Freiheit zu geben.

Sehr vieles spricht also für den Ethikunterricht. Gegen den religionsneutralen Ethikunterricht wehren sich nur Leute, die unter keinen Umständen wollen, dass ihre Mitmenschen bewusst und frei mitentscheiden, wie das Zusammenleben in der Gesellschaft, zu der sie gehören, gestaltet werden soll.

1. Begründung für einen religionsneutralen Ethikunterricht

Die Frage darf gestellt werden, warum gerade in der heutigen Zeit der Ethikunterricht einen immer höheren Stellenwert in der Pädagogik einnimmt. Seit es öffentliche Schulen gibt, war ein religionsneutraler Wertunterricht in vielen Gegenden oder Ländern kein wirkliches Thema.

Heute jedoch wird immer öfter von Schülern, Eltern und Pädagogen der Wunsch nach einem Fach laut, das den Kindern in den Schulen nicht nur Wissen und die damit verbundene Verantwortung vermittelt, sondern ihnen auch ein intellektuelles Instrument zur Verfügung stellt, das es ihnen ermöglichen soll, ein verantwortungsbewusstes Mitglied der Gesellschaft zu werden. Kinder und Erwachsene wollen mitentscheiden, wie sich ihr Leben in ihrem gewohnten Umfeld gestaltet; immer mehr Menschen lehnen es ab, als Unmündige oder als Scheinmündige behandelt zu werden. Sie wollen selbst bestimmen, wie sie leben wollen.

Damit dies aber in gegenseitigem Respekt und in der Wahrung der eigenen Rechte und Pflichten geschehen kann, bedarf es bestimmter Kompetenzen: derjenigen des Erkennens, des Verstehens und der Fähigkeit, eigene machbare Lösungen vorzuschlagen. Diese Kompetenzen können erlernt werden: im Ethikunterricht.

Doch warum erst jetzt auf ein Fach zurückgreifen von dem gesagt wird, dass es aus dem Philosophieunterricht abstammt, und sich in letzter Zeit als selbstständiges Fach etabliert hat? Dafür gibt es verschiedene Gründe:

1. Die Rolle der Schule
2. Der Wandel der Gesellschaft
3. Neue moralische Probleme
4. Zukünftige, zu erwartende Fragestellungen

1.1 Die Rolle der Schule

Dazu muss ganz allgemein und prinzipiell festgehalten werden, dass die Schule für die Schüler, und nicht für die Lehrer geschaffen wurde. Diese Überlegung sollte bei der Lektüre dieses Buchs stets gedanklich präsent sein.

Die Schule kann mit verschiedenartigen Aufträgen betraut sein, je nachdem, welche politische Richtung vorherrscht:

a) Die Schule hat als einzigen Auftrag, reines Wissen zu vermitteln.

In Fächern wie z. B. Mathematik, Wissenschaften, Grammatik mag dieses Ziel erreichbar sein – in allen übrigen Fächern ist es illusorisch zu glauben, man könnte reines Wissen abtrennen von jeglicher moralischer Überlegung. Und ganz gleich auch, wie groß die Anstrengung in diese Richtung sein mag: Der Unterricht wird immer an irgendeinem Ort stattfinden, und dieser übt schon eine gewisse Ausstrahlung auf die Schüler aus. Ebenso wird das Kind sich nicht dem, wenn auch ungewollten,

Einfluss der Lehrkraft entziehen können – ihr Benehmen, ihr Aussehen, ihre Ausdrucksweise, all das wird den Schüler beeinflussen und Haltungen entstehen lassen.

b) Die Schule vermittelt Wissen und verantwortlichen Umgang mit diesem Wissen.

Dies ist eine weit verbreitete Ansicht über die Aufgabe der Schule, besonders in frankofonen Ländern. Der Vorwurf, den man dieser schulischen Ausrichtung machen kann, geht dahin, dass man einerseits feststellen muss, dass das Erlernen der Verantwortung oftmals Lehrern und Programmmachern anvertraut wird, die eine ideologische Richtung vertreten, die viele Eltern ihren Kindern nicht zumuten wollen, ohne aber etwas dagegen unternehmen zu können. Andererseits stellt man fest, dass auch der hier vorgegebene schulische Auftrag nicht zu einem verantwortungsvollen Zusammenleben in der menschlichen Gesellschaft hinführt, sondern bestenfalls nur einige Ansätze zu verantwortungsbewusstem Handeln zur Verfügung stellen kann.

c) Die Schule vermittelt verantwortungsbewusstes Wissen und lehrt die Schüler die Dinge des Lebens.

Eine Schule, die ähnlich wie unter b) beschrieben ihrem Auftrag nachgeht, das Erlernen des verantwortlichen Handelns jedoch einem gezielt dafür geschaffenen Fach, dem Ethikunterricht, überlässt, ist die wohl beste Lösung: Die Methode ist der Aufgabe angepasst, sie kann eine größtmögliche Objektivität garantieren, sie kann auf eine Vielzahl Handreichungen für den Lehrer zurückgreifen, und sie geht auch viel weiter in ihrem Auftrag – der Ethikunterricht hat schließlich zum Ziel, zukünftigen Erwachsenen die Fähigkeit zu verleihen, verantwortungsbewusste Entscheidungen in jeder menschlichen Gesellschaft und zu jedem sozialen oder persönlichen Thema zu treffen. Außerdem ist der Entstehungsprozess des neuen Wissens, das in einem Ethikunterricht entsteht, der als eigenständiges Fach unterrichtet wird, transparent und nachvollziehbar – Missbräuche sind somit weitgehend ausgeschlossen.

d) Die Schule nimmt sich das Recht, den Schülern zu sagen, was Recht und Unrecht ist.

Es ist dies die wohl undemokratischste und staatlich arroganteste Form von Schule. Menschen in Machtpositionen, die es auch nicht besser wissen als andere, nutzen die Hilflosigkeit der Kinder und ihre sehr einflussreiche Position hinter dem Pult aus, um diese zu manipulieren und sie auf ein späteres Leben vorzubereiten, in dem sie der Obrigkeit wehrlos ausgeliefert sind, da sie weder die charakterliche Stärke noch die intellektuellen Mittel besitzen, um sich zur Wehr zu setzen. Diese Art Schule ist menschenverachtend und sagt sehr viel, wenn nicht alles, über die staatlichen Machthaber aus.

Zwei zusätzliche Aspekte verdienen es, an dieser Stelle erwähnt zu werden:

- **Die Grenzen des schulischen Auftrags**

  Auch wenn man der Schule die Aufgabe anvertraut, Kinder und Jugendliche nicht nur auf das rein berufliche, sondern auch soweit wie möglich auf das alltägliche Leben vorzubereiten, so darf man von ihr doch keine Wunder erwarten. Zu viele Komponenten beeinflussen die Entwicklung des jungen Menschen, als dass die Institution Schule als der einzige entscheidende Faktor angesehen werden kann. Die Persönlichkeit der Schüler selbst baut von Anfang an auf vererbte Anlagen auf, woran kein Erzieher etwas ändern kann. Auch die großen Linien der persönlichen Individualität eines Menschen werden lange, bevor die Schule einen Einfluss darauf nehmen könnte, festgelegt. Das Elternhaus, die familiäre Umgebung im Allgemeinen, Nachbarschaft, Freunde und Bekannte wirken sich ebenso wie alles Erlebte vor und während der Schulzeit neben der schulischen Einflussnahme auf die Bildung der Persönlichkeit aus.

Man kann nicht einmal behaupten, dass die Schule als solche eine Konstante sei, mit der der Schüler in seiner gesamten Lernphase konfrontiert ist: Zu verschieden sind die Lehrer – was kein Nachteil sein muss – mit denen ein Schüler im Laufe der Jahre zu tun hat, zu mannigfaltig die Bekanntschaften, die er in der Schule macht, und die Freundschaften, die er dort schließt, zu vielfältig die Erfahrungen und affektiven Erlebnisse, die er mit seiner jeweiligen Schule assoziiert. Bleiben als fester Bestandteil also nur die Schulprogramme – aber auch sie werden von den Unterrichtenden verschieden interpretiert. Daraus kann man schließen: Die Schule ist eine konstante Variable und kann folglich den schulischen Auftrag nicht unbedingt in seiner ganzen Konsequenz erfüllen.

- **Die Aufteilung der Verantwortung in der erzieherischen Arbeit zwischen Schule und Familie**
  Kinder haben Eltern. Diese sind für die Erziehung ihrer Kinder entscheidend verantwortlich. Der erzieherische Auftrag wird also gemeinsam von den Eltern und der Schule erfüllt. Daraus ergibt sich eine nicht zu vernachlässigende Einflussnahme der Eltern oder des erziehenden Elternteils auf die moralische Entwicklung des Kindes.

Der Wertunterricht muss dementsprechend so gestaltet sein, dass er dem Schüler die Möglichkeit lässt, die in der Schule neu erworbenen ethischen Kompetenzen sowohl mit dem zu Hause Gehörten als auch mit dem selbst Überlegten zu verbinden, ohne dass dadurch Autoritätskonflikte entstehen.

Nachdem festgestellt wurde welcher Auftrag der Schule im europäischen Kulturkreis zukommt, können nun die weiteren Faktoren beleuchtet werden, die die globale Einführung des Ethikunterrichts ratsam erscheinen lassen.

1.2 Der Wandel der Gesellschaft

Die menschliche Gesellschaft befindet sich hinsichtlich der moralischen Positionierung in einem steten Wandel, was insbesondere auf bestimmte Entwicklungen zurückzuführen ist. Die Religionen, die bis vor Kurzem noch eine Führungsrolle in der moralischen Gestaltung des Zusammenlebens für sich beanspruchen konnten, vermögen nicht mehr auf die vielen neuen Fragen zufriedenstellend zu antworten. Das erklärt sich teilweise dadurch, dass, als diese Religionen gestiftet wurden, niemand ahnte, dass eines Tages solche Fragen gestellt werden würden. Entsprechend schwach und oft auch unbefriedigend sind dann die Beantwortungsversuche der Glaubensgemeinschaften.

Ebenso muss man sich auch bewusst sein, dass in Zukunft weitere ethische Fragen auftauchen werden, von deren Wesen wir heute nicht die geringste Ahnung haben können. Das intellektuelle Werkzeug, das der Ethikunterricht den Schülern zur Verfügung stellt, muss also derart gestaltet sein, dass es sich auch für die Beantwortung zukünftiger, nicht vorhersehbarer Fragestellungen eignet.

Aber untersuchen wir nun die neuen Problemstellungen, die sich aus dem Wandel der menschlichen Gesellschaft ergeben.

- **Wachsende Säkularisierung und damit verbunden:**
  - Verlust der vorgegebenen moralischen Verhaltensweisen
  - Entwicklung von neuen moralischen Verhaltensweisen

Die wachsende Säkularisierung ist in den Regionen, in denen das Christentum vorherrscht, nicht zu übersehen. Dies ist nicht die Stelle, um nach Ursachen und möglichen Erklärungen zu forschen, sondern um Kenntnis von der Tatsache zu nehmen und auf die daraus resultierende Entwicklung einzugehen.

Religiöser Glaube gibt den Gläubigen Verhaltens- und Denkregeln vor, nach denen sie ihr Leben ausrichten können. Für diejenigen, die bereit sind, diese Regeln zu befolgen, bedeutet dies eine wesentliche Hilfe in den täglichen Entscheidungen, die die Dinge des Lebens betreffen – man denke darüber, wie man will. Diese Regeln finden sich in den Glaubenssätzen, den Dogmen, wieder. Ein Unterricht, der diese Dogmen lehrt, ist dementsprechend ein dogmatisch geprägter Unterricht.

Geht nun das Vertrauen aus dem einen oder anderen Grund in diese Glaubenslehre verloren, so resultiert daraus auch automatisch ein Verlust der vorgegebenen moralischen Verhaltensweisen. Für Menschen, die nicht gelernt haben oder gar nicht in der Lage sind, selbstständige ethische Entscheidungen zu treffen, kann dieser Verlust und die damit verbundene Verunsicherung sehr schmerzvoll sein und sogar dazu führen, dass die neu erworbene innere Freiheit aufgegeben und der Weg zurück zum alten Glauben wieder eingeschlagen wird. Für manche, die nicht bereit sind, den alten Glauben wieder anzunehmen, bedeutet dies oft, dass sie sich einer anderen, für sie neuen Religion zuwenden.
Beharrt ein Mensch jedoch darauf, Distanz zu den Glaubensgemeinschaften und ihren Lehren zu wahren, und will er nicht als ein „Jemand ohne ethische Anhaltspunkte“ durch das Leben gehen, so kommt er nicht umhin, selbst neue moralische Verhaltensweise zu entwickeln oder sie von anderen Menschen zu übernehmen. In beiden Fällen, handelt es sich um einen verantwortungsbewussten Menschen, wird es notwendig sein, sein eigenes Denken und Handeln kritisch zu betrachten. Es ist dies ein schwieriger Weg, den viele nur gehen, wenn es unumgänglich ist.
Die Schwierigkeit des einen und die Leichtigkeit des anderen Weges erklären dann auch, warum sich der Religionsunterricht oft zuungunsten des religionsneutralen Ethikunterrichts behaupten kann.

Wer sich jedoch dazu entscheidet, den Lebensweg eines selbstständig denkenden Menschen einzuschlagen, der braucht ein intellektuelles Instrument, das es ihm ermöglicht, kompetente Lebensentscheidungen zu treffen. Der Ethikunterricht stellt dieses Instrument zur Verfügung und zeigt den Umgang damit.

- **Der sich ausdehnende Pluralismus**
  Die gleichberechtigte Geltung verschiedener Standpunkte hinsichtlich der Lebensauffassung dehnt sich gleichzeitig mit dem Entstehen individueller Verhaltensweisen und dem Vermischen der Einwanderer mit den autochthonen Bevölkerungsschichten aus.

  Alteingesessene Bürger sind zwar oft der Ansicht, dass ihre Überzeugungen die einzig wahren sind, doch recht haben sie damit nicht unbedingt. Auch die neu Hinzugewanderten kommen aus einem oftmals sehr hoch entwickelten Kulturkreis und verstehen nicht, wieso sie ihre Lebenseinstellung, die sich bis dahin bewährt hat, gegen eine andere tauschen sollen, die ihnen zuerst nur fremd vorkommt. So treffen dann zwei oder mehrere Moralsysteme aufeinander, und die Rolle des Ethikunterrichts besteht nun zunächst darin, den Schülern dieses Phänomen durch genaues Betrachten und Analysieren verständlich zu machen.

- **Hinwendung zu immer größerem Individualismus**
  „Benimm dich wie die anderen, dann geht es dir auch wie den anderen!“, so oder so ähnlich klangen vor noch nicht allzu langer Zeit die Ratschläge, die Erzieher an die Jugend weiterreichten. Sie waren wahrscheinlich gut gemeint, doch treffen sie heute immer öfter auf verständnislose Gesichter. „Wieso soll es mir so gehen wie den anderen?“, wird sich mancher fragen. Die Frage ist berechtigt, denn schließlich haben verschiedene Menschen verschiedene Ansprüche, und was dem einen Freude macht, muss dem anderen noch lange nicht gefallen. Die Menschen wollen respektiert werden als Individuen, als Wesen mit einer unverwechselbaren Persönlichkeit, und sie wollen ihr Leben so gestalten, wie es ihren Vorstellungen am ehesten entspricht. Dazu gehört auch das Verneinen mancher moralischen Vorgaben und das Entwickeln persönlicher Haltungen.

  Individualismus muss nicht unbedingt gleichbedeutend sein mit Egoismus. Individualismus kann im Gegenteil einer ganzen Gesellschaft sehr nutzbringend sein, und zwar dann, wenn eine Person sich auf individueller Basis, sich abhebend von der Masse, bemüht, neue gesellschaftlich-ethische Erkenntnisse zu gewinnen und diese Erkenntnisse weitervermittelt.

- **Gleichstellung von Frau und Mann**
  Die Idee von der gleichberechtigten Teilnahme von Frauen und Männern am öffentlichen Leben hat sich zwar sehr spät, aber mit großer Macht und Wirkung durchgesetzt. Die Entwicklung hin zur Gleichberechtigung ist nicht mehr aufzuhalten, und das ist auch richtig so.

Mit der Gleichstellung von Frau und Mann entstanden aber auch eine Unmenge von ethischen Fragen, und ein Ende dieser Fragen ist nicht abzusehen.

Auf die Beantwortung der aktuellen und der noch nicht ausgesprochenen Fragen müssen die zukünftigen Erwachsenen vorbereitet werden – der Ethikunterricht hilft dabei.

- **Die neue finanzielle Unabhängigkeit der Frauen**
  Die Gleichstellung von Frau und Mann öffnet den Frauen den Weg in die Arbeitswelt und damit die Möglichkeit, für ihren Lebensunterhalt selbst zu sorgen.
  Neben dem arbeits- und soziotechnischen Problem hinsichtlich der höheren Anzahl von erforderlichen Arbeitsstellen ergibt sich aus der neuen Situation auch eine Sachlage, die für viele verunsicherte Männer zum lebenslangen Forschungsgegenstand wird: die finanzielle Unabhängigkeit der Frauen. Vielleicht war es ja gerade diese gefürchtete Unabhängigkeit, die die Männerwelt, unterstützt von fast allen Religionen, Jahrtausende lang dazu trieb, die Frauen zu unterdrücken?

  Aber nun, da viele Frauen nicht mehr finanziell abhängig von ihrem Ehemann sind, häufen sich die Scheidungen: für viele Paare besteht das einzige Argument einfach nicht mehr, das die Frau bis dahin an ihren Mann gebunden hatte. Eine Studie aus Frankreich sollte in diesem Zusammenhang zu denken geben: Sie belegt, dass 46% der Menschen sich lieber von ihrem Lebenspartner als von ihrem Haustier trennen würden …

  Natürlich geht die neue Unabhängigkeit der Frauen nicht ohne Probleme und massive Schwierigkeiten vor sich. Unabhängigkeit will gelernt sein, und der Übergang von Abhängigkeit zur Unabhängigkeit geht bei vielen Frauen nicht schadlos vonstatten. Es ist demnach weise, die weibliche Jugend schon in der Schule, in dem dafür vorgesehenen Unterricht, gedanklich auf diese Phase vorzubereiten.

- **Das neue geschlechtsspezifische Selbstverständnis**
  Nicht nur bei Studenten kann sich der Lehrende der Erkenntnis nicht verschließen, dass die weibliche Fraktion der männlichen oft haushoch überlegen ist. Damit stellt sich die für die Männerwelt peinliche Frage nach dem geschlechtsspezifischen Selbstverständnis. Frauen sind ausdauernder, fleißiger, oft gescheiter, aufgeschlossener und charmanter. Welche Argumente können Männer da noch für sich ins Feld führen? Dass sie stärker sind und größer? Dass sie schneller im Kreis laufen und höher in die Luft springen können? Ja, wenn das und Ähnliches keine überzeugenden Argumente sind …

  Tatsache aber ist, dass der Anspruch, der wichtigere Teil der Menschheit zu sein, vielen Männern philogenetisch vererbt zu sein scheint, und je weniger gebildet sie sind, desto tiefer scheint diese Überzeugung zu sitzen.

Auch das althergebrachte Rollenverständnis zwischen Frau und Mann muss infrage gestellt werden. Erleichtert werden kann diese für manche Männer unangenehme Überlegung dadurch, dass man sich bewusst macht, dass die traditionelle Rollenverteilung noch aus der Zeit der Urmenschen stammt, als die Frau die Kinder in der Höhle bewachte, währenddessen der Mann auf die Jagd ging.

Um auf dem Gebiet des geschlechtsspezifischen Selbstverständnisses neue Einsichten zu schaffen hat der Ethikunterricht manchmal Mühe, aber nicht, was die Schüler anbelangt, sondern was ihre Väter und Großväter betrifft.

1.3 Neue moralische Probleme

Durch den Wandel der Gesellschaft und den Fortschritt der Wissenschaften stellen sich neue moralische Fragen, auf die die Menschheit Antworten finden muss. Die Fragen beginnen meistens mit: „Soll man (das tun) …?“, „Ist es richtig, …“, „Muss man …“ oder „Ist man es sich selbst schuldig, …?“

- **Neue Formen des Zusammenlebens**
  Lebten die Menschen bis vor Kurzem noch entweder allein oder als verheiratetes Paar, so beobachtet man heute neue Formen des Zusammenlebens.

a) Nicht verheiratete Paare
Viele Paare leben heute unverheiratet zusammen, sei es aus steuerlichen Gründen, sei es, weil sie ein gewisses Gefühl von Freiheit beibehalten wollen, sei es, weil eine nicht auszuschließende Trennung so einfacher vollzogen werden kann.

b) Gleichgeschlechtliche Paare
Nicht nur heterosexuelle Paare schaffen sich ein gemeinsames Heim, sondern auch gleichgeschlechtliche Paare. War bis vor Kurzem noch Homosexualität entweder tabu oder verpönt, so stehen heute immer mehr Menschen zu ihren diesbezüglichen sexuellen Neigungen. In einigen Ländern können sie eheähnliche Bündnisse eingehen und sogar Kinder adoptieren.

c) Alleinerziehende Eltern
Die neue finanzielle Unabhängigkeit der Frauen und der Wandel in der Gesinnung der Menschen bringen es mit sich, dass immer mehr Elternteile zu Alleinerziehern werden. Da alleinerziehende Eltern üblicherweise auch einer bezahlten Beschäftigung nachgehen müssen, muss meistens die Mithilfe der Gemeinden oder des Landes in Anspruch genommen werden, die u. a. Tagesstätten für Kinder anbieten.

d) Rekonstituierte Familien mit Kindern aus verschiedenen Ehen
Wer nicht allein oder allein mit seinen Kindern leben will, heiratet wieder –

meistens jemanden, der auch geschieden ist und oft eigene Kinder in die neue Ehe mitbringt. Die Probleme, die dabei gelöst werden müssen, sind offensichtlich.

e) Scheidungen und die damit verbundene Minderung der Selbstverständlichkeit der gewohnten Erziehung
Eine Scheidung kann für Kinder eine Katastrophe oder eine Erlösung mit allen Variationen dazwischen sein. Oftmals entdecken die Kinder auf diese Weise, dass sowohl ihre Mutter als auch ihr Vater außerordentlich liebenswürdige Menschen sind unter der Bedingung, dass sie nicht zusammenleben. Wie dem auch sei, eine Scheidung bedingt, dass jedes Elternteil eine Zeit lang mehr als üblich mit sich selbst beschäftigt ist, und sei es auch nur, weil neue ethische Anhaltspunkte gefunden werden müssen. In dieser Übergangszeit ist es eine große Hilfe, wenn die Schule stützend zu den Kindern steht.

- **Neue biomedizinische Lösungen**
Die Wissenschaften, und vor allem die Biomedizin, stellen die Menschen mit den Fortschritten, die sie erzielen, vor neue, ungewohnte Fragen. Sie lassen sich dem chronologischen Ablauf eines Menschenlebens zuordnen.

a) Künstliche Befruchtungen aller Art
Viele Menschen sind nicht in der Lage, selbst Kinder zu bekommen. Die Medizin kann hier helfend und oft mit Erfolg eingreifen. Soll man in einem solchen Fall auf die medizinische Hilfe zurückgreifen, ist man es sich selbst oder dem Lebenspartner schuldig, darf man oder soll man in die Natur eingreifen? Die Fragen sind mannigfaltig und die richtigen Antworten zu finden nicht immer leicht.

b) Pränatale Diagnose und damit verbunden die mögliche Frage der Abtreibung bei vorhersehbaren körperlichen und/oder geistigen Behinderungen
Die pränatale Diagnose ermöglicht es oft, Missbildungen beim noch nicht geborenen Kind zu identifizieren. Wird eine schwere körperliche Missbildung festgestellt, stehen die Mutter oder die Eltern vor der schwierigen Frage, ob sie das Kind zur Welt bringen wollen oder nicht. Hat man die Pflicht dazu, oder nur das Recht? Hat man umgekehrt das Recht, ein Kind in eine äußerst ungewisse Zukunft hineinzugebären?

c) Die – fast – gefahrlose Abtreibung im Allgemeinen
Abtreibungen werden seit jeher praktiziert – aber bis vor Kurzem nur heimlich. Seit einiger Zeit wird die Frage öffentlich diskutiert, ob Abtreibung durch einen qualifizierten Arzt legalisiert werden soll oder nicht, und wenn ja, unter welchen Bedingungen.

d) Die allgemeine Verbesserung der Lebensqualität und damit verbundene neue Ansprüche

Die Lebenserwartung der Menschen ist im Steigen begriffen – ein Zeichen dafür, dass sich die Lebensbedingungen verbessern. Doch mit der besseren Lebensqualität steigen auch die Ansprüche der Menschen an das Leben: Es soll noch besser, noch schöner, noch sorgloser werden. Haben die Menschen das Recht oder die Pflicht sich selbst gegenüber, auf die Bescheidenheit zu verzichten, die sie noch vor kurzem prägte?

e) Die Nicht-Mehr-Akzeptanz von Schmerz
Man erfährt, wie erfolgreich die Medizin intervenieren kann, und fordert unbewusst oder bewusst immer mehr von ihr. Wer vor wenigen Jahren noch den Schmerz als Bestandteil des Lebens akzeptierte, will heute nicht mehr leiden und verlangt, dass er vom Schmerz befreit werden soll. Mit Recht?

f) Die Möglichkeiten der Gentechnik
Die Gentechnik wird unser Weltbild verändern. Doch wie schwierig es ist, auf die unzähligen moralischen Fragen zu antworten, die sich mit ihr verbinden, und wie sehr sie die Menschheit beschäftigen, kann man in den Nachrichten aus aller Welt in der Presse erfahren. So umstritten die Genmanipulation auch sein mag, so muss man sich doch auch bewusst machen, dass sie sowohl gute als auch schlechte Möglichkeiten in sich birgt. Doch wer soll bestimmen und überwachen, was gut und was schlecht ist?

g) Die Erhöhung der Lebenserwartung und die Finanzierung des verlängerten Lebensabends
Je älter die Menschen werden, desto länger muss die Periode in ihrem Leben finanziert werden, in der sie nicht mehr im Arbeitsprozess eingegliedert sind. Es gilt also, neue Maßstäbe zu schaffen für das Verhältnis Arbeitszeit und Rentenzeit.

h) Das Recht des Einzelnen über sein Leben und seinen Tod
Wem gehört mein Leben? Diese Frage hat sich wohl schon jeder gestellt und nicht gewusst, was er darauf antworten sollte. Hat man das Recht, sein Leben dann zu beenden, wenn man es selbst für richtig hält? Es ist dies keine neue Frage, aber immer noch eine unbeantwortete.

i) Die Sterbehilfe – passiv und aktiv
Mit den höheren Ansprüchen an das Leben und dem Weglassen von Tabus wird jetzt auch in der Öffentlichkeit darüber diskutiert, ob man das Recht oder sogar die Pflicht hat, einem unheilbar Leidenden aktive oder passive Sterbehilfe zu leisten.

- **Die Aufteilung der Arbeit in der Gesellschaft**
  Immer mehr Menschen sind auf der Suche nach Arbeit. Doch wer hat ein Recht auf Arbeit? Und ist es zu rechtfertigen, dass manche Menschen ein astronomisch hohes Einkommen haben, während andere verhungern?

- **Die neuen Kommunikationstechnologien**
  Der Fortschritt der Technik lässt sich nicht bremsen, und die Entwicklung neuer Produkte hat schon manches Leben gerettet. Doch ganz diskussionslos kann nicht alles hingenommen werden.

a) Sprache, Ton, Foto, Video und mehr in einem einzigen, extrem mobilen Gerät
Das Mobiltelefon wird oft als die wichtigste Errungenschaft neben dem Automobil dargestellt. Es hat das Denken des Menschen verändert und ihm ungeahnte Möglichkeiten gegeben. Obschon es etwas müßig ist, die Frage zu stellen, so kann man aber doch darüber sinnieren, ob es richtig war, der Menschheit diese Technik zur Verfügung zu stellen, in welchem Maße ihr Gebrauch erlaubt sein soll und wer darüber bestimmen darf.

b) Das Internet und sein unbegrenzter Zugang
Ähnliche Fragen stellen sich auch im Zusammenhang mit dem Gebrauch des Internets. Wer, der damit arbeitet, möchte es noch missen? Und doch: Der Versuchung, es zu missbrauchen, können manche nicht widerstehen. Was also soll erlaubt sein, was geduldet, wer ist zuständig für die Kontrolle und welche Strafen sollen für den Missbrauch vorgesehen sein?

1.4 Zukünftige, zu erwartende Fragestellungen

Genauso wenig, wie man sich vor zweitausend Jahren vorstellen konnte, dass man sich eines Tages mit Internet und Gentechnik auseinandersetzen würde, genauso wenig können wir heute wissen, welche moralischen Fragen in zwanzig oder zweihundert Jahren an die Menschen gestellt werden, wie z. B.: im Bereich der Erschließung und Besiedlung des Weltalls durch Menschen oder der fortschreitenden Robotisierung der Arbeitswelt und sogar der Kunst.

Ein Ethikunterricht, der heute helfend da einspringen will, wo die Lösungen, die vor tausenden Jahren gestiftet wurden, nicht mehr befriedigend zu antworten vermögen, muss so geartet sein, dass er sich für die Beantwortung von zukünftig zu erwartenden Fragen eignet. Seine Methode muss so sein, dass sie sich allgemein anwenden lässt und sich nicht auf die Beantwortung einiger spezifischer Fragen beschränkt. Sie muss den Menschen und ihrem Wesen Rechnung tragen, denen, die lehren, und denen, die lernen. Sie muss universell sein.

2. Fundament für den religionsneutralen Ethikunterricht

Der Ethikunterricht will bei den Schülern den ethischen Reflex fördern indem er sich auf den gesunden Menschenverstand, die wissenschaftlichen Erkenntnisse, die Menschenrechte und die Freiheit, Recherchen nach der Wahrheit anzustellen, stützt. Um dieses Ziel zu erreichen, müssen verschiedene Bedingungen erfüllt werden:

2.1 Größtmögliche Objektivität des Unterrichtenden

Der Lehrer muss seine Schüler so objektiv und neutral wie möglich durch den Ethikunterricht führen.
Der religionsneutrale Wertunterricht fühlt sich weder Dogmen noch einer Staatsmoral verpflichtet. Es sind auch nicht die Ansichten und Haltungen des Lehrers, die der Schüler übernehmen soll. Vielmehr soll der Schüler die Möglichkeit erhalten, eigene Ansichten und Haltungen aufzubauen. Dazu braucht er Informationen und die Chancen, sich in Ruhe eine persönliche Meinung bilden zu können. Die Informationen, die er erhält, dürfen die Wahrheit nicht verschleiern, sondern müssen, dem Schüler und seiner Sensibilität angepasst, so vollständig und ehrlich wie möglich sein: die Wahrheit, nichts als die Wahrheit, die ganze Wahrheit …

2.2 Das Recht des Unterrichteten auf eine persönliche Meinung

Der Ethikunterricht räumt dem Schüler ausdrücklich das Recht, wenn nicht sogar die Pflicht, auf eine persönliche Meinung ein. Dazu erhält der Schüler:

a) Das Recht zu hinterfragen

Vieles, das wir als sicher ansehen und gutgeheißen, stimmt einfach nicht mit den Tatsachen überein. So wie nicht der Mittwoch, sondern der Donnerstag die Mitte der Woche markiert, so stimmen auch andere allgemeingültige Ansichten nicht. Der Dudelsack kommt nicht aus Schottland, sondern aus Griechenland, das Wort Ping-Pong für Tischtennis kommt nicht aus dem Chinesischen sondern aus England, Magellan war nicht der erste Weltumsegler – er hat sie nie umsegelt –, nicht der Karten spielende Earl of Sandwich, sondern die Römer haben das sogenannte Sandwich 1000 Jahre vor ihm erfunden, Spinat enthält kein Atom Eisen, und Einstein war kein schlechter Schüler, sondern Spitzenklasse in Mathematik und Physik, wenngleich ihm manche Lehrer auf die Nerven gingen.

Im Ethikunterricht erhalten die Schüler das Recht, Tatbestände zu untersuchen und auf ihren Wahrheitsgehalt zu überprüfen. Zusätzlich werden sie dazu aufgefordert zu hinterfragen, wieso Unwahrheiten und Irrtümer so verbreitet sind.

b) Das Recht zum Nein und zum selbst entschiedenen Ja

Besonders – aber nicht nur – in sexueller Hinsicht hat jeder Mensch, auch wenn er noch jung ist, das Recht und die Pflicht sich selbst gegenüber, klar und deutlich „Nein“ zu sagen. Die Begründung hierzu, die Argumente dafür und die Gefahren, die damit verbunden sein können, werden im Ethikunterricht erarbeitet.

Für den Lehrer bedeutet das eine risikovolle Gradwanderung zwischen der Vermittlung des Wissens um das Recht auf physische und moralische Integrität und der Unterstützung vor allem der elterlichen Autorität. Am besten gelingt ihm das mithilfe von präzisen Beispielen aus dem Alltag der Schüler.[1]

c) Das Recht auf die Bildung einer eigenen Haltung

Schüler sind vielerlei Einflüssen ausgesetzt, und, was ihre Meinungsbildung betrifft, insbesondere denen von Familie und Schule. Zusätzlich, aufgrund des Erlebten und dem in der Schule Gelernten, machen sie sich ihre eigenen Gedanken. Aus diesen drei Quellen entsteht ein neues Wissen, eine neue Kompetenz. Daraus sollen die Schüler im Ethikunterricht neue Haltungen aufbauen. Im Laufe der Zeit, durch den Erwerb von neuen Ansichten, entsteht eine gefestigtere Persönlichkeit: die des verstehenden und verantwortungsbewussten Mitglieds einer menschlichen Gesellschaft.

2.3 Das Recht auf Information

Wem gehört das Wissen? Der Ethikunterricht geht davon aus, dass das Wissen allen Menschen gehört (man sagt, alles Wissen der Menschen befände sich im Internet und sei somit von jedem abrufbar – eine Behauptung, die sich nicht überprüfen lässt).

Die Schüler brauchen unbedingt Zugang zu dem Wissen, das sie für den Aufbau eigener Haltungen benötigen. Der Lehrer selbst, so gebildet er auch sein mag, besitzt nicht alles Wissen dieser Welt. Aber er weiß, wie und wo man Zugang zu diesem Wissen erhält, und es ist seine Pflicht, den Schülern den Weg dorthin zu zeigen.

2.4 Die Allgemeine Menschenrechtserklärung, insbesondere der Respekt gegenüber fremden Überzeugungen

Der hier vorgeschlagene Ethikunterricht gibt sich als Fundament auch die Allgemeine Menschenrechtserklärung von 1948. Artikel 2 (1) sieht hier vor: „Jeder Mensch hat Anspruch auf die in dieser Erklärung verkündeten Rechte und Freiheiten ohne irgendeinen Unterschied, wie etwa nach Rasse, Farbe, Geschlecht, Sprache, Religion, politischer oder sonstiger Überzeugung, nationaler oder sozialer Herkunft, nach Eigentum, Geburt oder sonstigen Umständen (…).“

Daraus geht deutlich hervor, dass der Ethikunterricht bei den Schülern Respekt vor fremden Überzeugungen wecken will, dass ein Gefühl für Toleranz entstehen soll. Insbesondere muss aber hier erwähnt werden, dass der religionsneutrale Ethikunterricht nicht zum Ziel hat, Religionen zu bekämpfen; dies wird oft missdeutet, meistens, weil das Fach als Alternative zum Religionsunterricht angeboten wird.

Der richtig verstandene Ethikunterricht kann aber keine Alternative zu einem Religionsunterricht sein, da ersterer fundamental undogmatisch, zweiter aber von Dogmen geprägt ist. Wohl aber können die beiden Fächer komplementär zueinander unterrichtet werden, beispielsweise dann, wenn der Ethikunterricht als Pflichtfach in der

[1] Siehe hierzu beispielsweise: Mädchen und Jungen, Berens & Knoob, Auer Verlag, 2001, S. 91 ff.

Schule vorgesehen wird, und der jeweilige Religionsunterricht als Option gewählt wird.

2.5 Die Erkenntnisse der Wissenschaften und das Wissen um mögliche Irrtümer

Der Ethikunterricht ist ein humanistisches Fach und geht davon aus, dass der Mensch (Homo) in sich selbst alles findet, was er braucht, um sich und seine Umwelt zu verbessern. Deshalb stützt er sich auch auf die wissenschaftlichen Erkenntnisse, die von Menschen gewonnen wurden.

Im Ethikunterricht werden nur sehr begrenzt wissenschaftliche Erkenntnisse vermittelt – man geht vielmehr davon aus, dass sie den Schülern bekannt sind. Dieses Wissen wird benutzt, um den Umgang und die damit verbundene Verantwortung gegenüber den anderen und sich selbst zu studieren.

Menschen können sich irren, und Wissenschaftler sind Menschen. Der Ethikschüler ist sich folglich stets bewusst, dass die wissenschaftlichen Erkenntnisse von heute die Fehler von morgen sein könnten.

2.6 Das kritische Verantwortungsbewusstsein

Eines der Ziele des Ethikunterrichts ist es, den Schülern die Möglichkeit zu geben, sich zu Erwachsenen heranzubilden. Erwachsene, die man irgendwo auf der Erde platzieren kann und die dann ohne große Schwierigkeiten auch in dieser für sie neuen gesellschaftlichen Umgebung zu verantwortungsbewussten und wertvollen Mitgliedern der Gemeinschaft werden können. Dabei sollen sie kritisch gegenüber ihrem eigenen Verhalten und dem ihrer Mitmenschen bleiben.

2.7 Respekt vor der von der Familie vermittelten Erziehung

Ethikschüler haben die verschiedensten familiären Hintergründe, insbesondere im Hinblick auf das kulturelle Erbe. Im Unterricht erlangen sie neue Kompetenzen, die sie nicht zur Auflehnung gegen die eigene Familie führen sollen. Im Gegenteil, sie erhalten die Möglichkeit ihr neues Wissen in Verbindung zu bringen mit dem, was sie zu Hause gehört und vielleicht gelernt haben. Ihre eigenen Überlegungen kommen dazu und daraus entstehen persönliche Ansichten und Haltungen, die im Laufe der Zeit zur Bildung einer starken Persönlichkeit beitragen.

2.8 Die Suche nach der kleinen Freiheit des Menschen

Viele Philosophen waren oder sind der Ansicht, dass der einzige wirkliche Unterschied zwischen den Menschen und den Tieren darin besteht, dass der Mensch allein die Freiheit besitzt, Entscheidungen zu treffen. Spätestens aber seit dem Zeitpunkt, als die Psychoanalyse zu ernst zu nehmenden Erkenntnissen gelangte, muss diese

Behauptung infrage gestellt werden: Der Mensch vermag offensichtlich nicht in aller Freiheit Entscheidungen zu treffen. Er wird mehr oder weniger beeinflusst von inneren Zwängen und Trieben.

Auch die Behauptung, Tiere seien nicht in der Lage, Entscheidungen zu treffen, muss infrage gestellt werden: Die Verhaltensforschung belehrt uns eines Besseren.

Der Ethikunterricht setzt sich unter anderem auch zum Ziel, dem Menschen zu ein klein wenig mehr Freiheit zu verhelfen, und stellt ihm dafür drei erlernbare Wege vor: das bewusste Erleben, das Erkennen der inneren Zwänge und Triebe, und das Verstehen seiner selbst.

a) Bewusstes Erleben
Vieles, was Menschen am Tag verrichten, tun sie halb unbewusst, weil es einfach und routiniert zu erledigen ist. Ebenso wird vieles zwar von den Sinnen erfasst, aber nicht bewusst wahrgenommen. Im Werteunterricht sollen die Schüler dahin geführt werden, dass sie alles, was sie tun und was um sie herum geschieht, bewusster erleben, unter anderem mit dem Ziel, Situationen besser analysieren zu können.

b) Erkennen der eigenen Zwänge und des inneren Dranges
Nicht nur für Unterrichtende, die einen gerechten Umgang mit den Schülern anstreben, ist es von großer Bedeutung, sich selbst zu kennen und etwas Abstand von den eigenen Zwängen und anderen Unfreiheiten zu gewinnen. Auch für die Schüler, wie überhaupt für alle Menschen, ist es wichtig, die unbewussten Bedürfnisse und Hemmungen zu identifizieren und zu verstehen, woher sie kommen. Hat man dies erreicht, so kann man sich wenigstens etwas von ihnen freimachen und harmonischer leben.

c) Verstehen seiner selbst
Wer sich selbst versteht, kann sich auch teilweise von sich selbst freimachen. Nicht nur unbewusste innere Unfreiheiten hemmen den Menschen in seinem Denken und Handeln, sondern auch jede Menge vorgefasster Meinungen und Einstellungen, die oft von Generation zu Generation weitervermittelt wurden. Wer Entscheidungen fällt, sollte sich dessen bewusst sein. Vieles, was früher vielleicht eine gewisse Berechtigung hatte, ist heute nicht mehr gültig, besonders in moralischer Hinsicht.

2.9 Respekt vor jedem Lebewesen und jeder Form von Leben

Ein Hauptanliegen des Ethikunterrichts ist das Üben von Respekt: Respekt vor sich selbst, Respekt vor seinen Mitmenschen, Respekt vor jedem lebenden Wesen.

Wer sich selbst nicht respektiert, achtet seine Mitmenschen auch nicht. Dasselbe gilt auch umgekehrt. Diese Erkenntnis ist nicht neu und gilt vielen Menschen als selbstverständlich.

Nicht so selbstverständlich aber ist die Forderung nach Respekt vor jedem lebenden Wesen, sei es ein Tier oder eine Pflanze. Die Ursache hierfür ist wohl in den Lehren der vergangenen zwei Jahrtausende zu suchen in denen versucht wurde, die Menschen davon zu überzeugen, dass sie sich die Welt untertan machen sollten. Das haben sie denn auch getan, mit dem Resultat, dass der Schaden, der an der Umwelt angerichtet wurde, kaum noch gutzumachen ist. Pflanzen wurden als Unkraut bezichtigt, obschon sie in dem Biotop, in das sie hineingehören, nützlich sind. Tiere, an denen der Mensch sich ein Beispiel nehmen sollte, wurden verteufelt und als gefährlich hingestellt. Als Beispiel sei hier der Wolf angeführt: Die Kelten achteten ihn wegen seines Sozialverhaltens und versuchten, es ihm gleichzutun. Im Gegensatz zum Menschen töten Wölfe ihresgleichen nicht. Doch als der Mensch zum „Höchsten der Schöpfung“ erklärt wurde, mussten die Wölfe aus der Achtung der Menschen weichen; Märchen und andere erfundene Erzählungen, die von Überfällen auf Menschen durch Wölfe zu berichten wussten, halfen dabei, ihr Ansehen zu zerstören.

Doch heute kennen diejenigen, die es ehrlich wissen wollen, die Wahrheit, und man weiß, dass im Laufe der Geschichte der Mensch nicht nur seinesgleichen, sondern auch Tieren und Pflanzen großes Unrecht getan hat. Und auch darauf will der Ethikunterricht aufmerksam machen. Die Schüler werden dann ohne Schwierigkeiten erkennen, dass sie nicht nur den Menschen, sondern auch allen anderen Lebewesen Achtung entgegenbringen sollen.

3. Begriffsbestimmungen

Verschiedene Schlüsselbegriffe, die im Ethikunterricht Verwendung finden, sollten näher bestimmt werden und in diesem Fach allgemeingültig sein. Da sie aber unterschiedlich definiert werden, je nachdem wo man nach der Begriffsbestimmung sucht, werden hier einige Definitionen vorgeschlagen.

3.1 Moral:

Bezeichnung für einen Kanon von sittlichen Normen und Normensystemen, die eine Gesellschaft als richtig und verbindlich ansieht. Diese Normen und Normsysteme sind geschichtlich mit der Gesellschaft entstanden und verändern sich geschichtlich mit ihr. Eine Moral ist stets an eine Gesellschaft gebunden und kann a priori weder als absolut gut noch als absolut schlecht eingestuft werden.

3.2 Moralität:

Moral als solche ist stets eine Gruppenmoral, ein geschichtlich entstandener Regelkanon, der sich mit der Gesellschaft geschichtlich verändert und als Inbegriff gemeinsam anerkannter Werte und Normen gilt. Moralität dagegen entspricht mehr dem unbedingten Anspruch des zum Guten verpflichteten Handelns. Moralität ist unabhängig von einer Gruppe und kann mit dem Ausspruch: „Tu niemandem etwas an von dem du nicht willst, dass man dir es antut!“ (der sog. „Goldenen Regel“) umschrieben werden. Aber auch dazu gibt es Ausnahmen, vor allem die des Terroristen, der sein Leben für seine Überzeugung hergibt und in Kauf nimmt, dass auch Unschuldige sterben.

3.3 Ethik:

a) Synonym für Moral

b) Ethik als Disziplin der Philosophie von der gesagt wird, sie habe sich als eigenständige Wissenschaft etabliert

Die Ethik untersucht die Entwicklung von moralischen Wertsystemen und die Auswirkungen, die das Zusammentreffen von zwei oder mehr Moralsystemen aufeinander haben; sie beschreibt u. a. auch die Spannung zwischen den allgemeinen Normen beziehungsweise Werthaltungen und -gesetzlichkeiten und den besonderen Handlungen der Menschen.

Der Ethikunterricht selbst untersucht auf dem jeweiligen Bildungsstand der Schüler das Verhalten der Menschen in verschiedenen Moralsystemen und die Veränderungen in ihrem Benehmen, wenn zwei oder mehrere Moralsysteme aufeinandertreffen.

3.4 Gewissen:

Mit Gewissen bezeichnet man ein für den einzelnen Menschen als verbindlich betrachtetes System von Werten, das ihn in die Lage versetzt, sich selbst zu „belohnen“ beziehungsweise zu „bestrafen“.
Das Gewissen im Menschen entsteht schon sehr früh und entwickelt sich beständig weiter. Es gibt sich als Referenzen die Rückkopplung von Reaktionen der Mitmenschen auf das eigene Benehmen, wodurch sich zwar zeitlich veränderbare, aber kurzfristig als stabil ansehbare Haltungen ergeben. Entwicklungspsychologisch gesehen, ist es das Ergebnis von Prozessen der Verinnerlichung von äußeren Werten und Einstellungen. Allein seinem Gewissen entsprechend handeln wird nicht als moralisch wertvolles Handeln angesehen.

Sokrates gebrauchte den Ausdruck „Daimonion“ um über das Gewissensphenomen zu reden. In der antiken Philosophie wird der Begriff des Gewissens und des Bewusstseins im Ausdruck „syneidêsis“ zusammengefasst. Später haben sich auch Kant, Fichte, Hegel, Schopenhauer und Ulrici mit dem Begriff Gewissen befasst.

3.5 Moralisch wertvolles Handeln:

Handeln aufgrund der Vorgaben seines Gewissens und der Erkenntnisse der Wissenschaften ist noch kein moralisch wertvolles Handeln: Dieses entsteht erst dann, wenn der Einzelne seine persönliche Freiheit dazu verwendet, Situationen unter möglichst vielen Gesichtspunkten zu untersuchen und sich selbst Regeln zu geben und sie als für sich bindend wahrzunehmen.

4. Die Themen

Ganz gleich welches Thema gerade behandelt wird: Es geht immer darum, den Schüler dahin zu führen, dass er alles bewusster als bisher erlebt – und für viele Menschen, auch die Lehrer, bedeutet das, dass sie manches zum allerersten Mal überhaupt bewusst betrachten. Zu diesem Bewusstmachen gehört unter anderem, sich nicht zu scheuen, Fragen aufzuwerfen und Zusammenhänge zu hinterfragen.

Aber welche Themen sollen behandelt werden und wie sollen sie planmäßig in der zeitlichen Folge aufeinander abgestimmt sein?

Eine gute Lösung besteht darin, die zu behandelnden Themen in drei große Gruppen einzuteilen:

1. Die eigene Person,
2. die zwischenmenschlichen Beziehungen,
3. die menschliche Gesellschaft.

Es hat sich zudem bewährt, die Themen kreisförmig zu erweitern, wobei mit dem Schüler selbst als Zentrum begonnen wird. Die weiteren Themen behandeln dann das nahe Geschehen im Umfeld des Schülers, da, wo er selbst direkt betroffen ist, dehnen sich dann allmählich auf immer weiter von ihm entfernte Vorgänge aus, um sich schließlich auf Entwicklungen in der menschlichen Gesellschaft zu zentralisieren, die der Schüler oft bloß als engagierter Zuschauer erlebt.

4.1 Die Themengruppe „Eigene Person“

Es ist ein fester Bestandteil des Ethikunterrichts, sich selbst zu erkunden. Die Schüler sollen sich selbst als Person bewusst erleben, sollen erkennen, welche Bedürfnisse sie haben, welche offenen und versteckten Wünsche sie antreiben und welche mehr oder weniger unbewussten Ängste und Hemmungen sie daran hindern, das zu tun oder zu lassen und sich so zu verhalten, wie sie es sich vorgenommen haben. Besonderen Wert sollte man darauf legen, den Schülern zu helfen, die psychischen Veränderungen zu verstehen, die die Pubertät mit sich bringt – die Besprechung der Sexualität ist ein unabdingbares Thema des Ethikunterrichts. Innerhalb dieses Themas wird auch das Recht, wenn nicht die Pflicht des Einzelnen gegenüber sich selbst, auf physische Integrität besprochen werden, und der Schüler wird verstehen, dass es Umstände geben kann, in denen er den Gehorsam verweigern darf.

Der Lehrer sollte sich allerdings stets bewusst sein, dass der Ethikunterricht keine Psychotherapie ist und er selbst kein Psychiater.

Um sich selbst als Mensch zu verstehen ist es auch notwendig, den Menschen historisch zu erfassen. Damit ist nicht der Geschichtsunterricht gemeint, sondern die Entstehung des Lebens und dessen Entwicklung bis zum heutigen Menschen hin. Zu diesem Unterrichtsgegenstand gibt es zahlreiche und meistens auch sehr gute Dokumentationen – Bücher und Videos –, die den Schülern aller Altersstufen angepasst sind.

Ein weiteres Forschungsgebiet des Ethikunterrichts ist die Mentalitätsgeschichte. Hier ist das vorhandene Dokumentationsmaterial, das sich für Schüler eignet, allerdings sehr dürftig. Wahrscheinlich ist es in diesem Bereich unumgänglich, dass sich der Lehrer zuerst selbst kundig macht und sich dann zum objektiven Interpreten der entsprechenden Forscher macht.

Den Schülern sehr zugänglich ist allerdings die Verhaltensforschung. Es ist wichtig, dass ihre Erkenntnisse zur Sprache kommen, da sie es den Schülern erleichtern, nicht nur sich selbst besser zu verstehen. Außerdem sind beispielsweise die Bücher von Konrad Lorenz stellenweise sehr unterhaltsam.

Gutes Benehmen, Anstand, Ehrlichkeit und Vertrauen werden sowohl unter „Eigene Person“ als auch innerhalb der Themengruppe „Zwischenmenschliche Beziehungen“ behandelt.

4.2 Die Themengruppe „Zwischenmenschliche Beziehungen“

Nachdem der Schüler die eigene Person und Persönlichkeit bewusst erfahren hat, ist er auch besser in der Lage, seine Mitmenschen zu verstehen. Er erkennt leichter, warum Freunde, Gegner und Feinde sich so und nicht anders verhalten, wo Sympathien und Antipathien herrühren und was es mit dem Fremdenhass auf sich hat. Toleranz, nicht blindes Übernehmen fremden Gedankenguts, und gegenseitiges Verstehen und Respekt vor dem Mitmenschen werden geweckt. Und auch in diesem Zusammenhang wird die Sexualität mit all ihren sozialen Konsequenzen wieder ein unumgängliches Thema sein.

Das Thema „Moral“ wird im Rahmen dieser Themengruppe zur Sprache kommen und das Thema „Gewissen“, das in die erste Themengruppe gehört, ergänzen. Was ist Moral, wie entsteht sie und wie verändert sie sich? Kann Moral auch etwas Böses sein? Mit welchem Recht nehmen fremde Menschen moralischen Einfluss auf uns? Und wo liegt der Unterschied zwischen Moral und Gesetz?

Die Familie in all ihren Erscheinungsformen wird ebenso untersucht wie das Zusammenleben überhaupt.

4.3 Die Themengruppe „Menschliche Gesellschaft“

Hier betritt man ein Besprechungsfeld, das der Schüler hauptsächlich als indirekt betroffener Zuschauer erlebt. Das große Weltgeschehen, das sich, wie alle anderen Themen auch, auf Schülerniveau besprechen lässt – vorausgesetzt, man findet die richtigen Worte – sowie seine Hintergründe, wie beispielsweise die Verbindung von Geld und Macht, wird zum Besprechungsgegenstand gemacht.

Ein weiteres, eminent wichtiges Thema im Ethikunterricht ist die Kultur oder vielmehr die verschiedenen Kulturen. Ihr Entstehen und ihre Weiterentwicklung bieten vielfältige Anlässe zu Besprechungen und wecken bei den Schülern Verständnis für ungewohnte Arten und Weisen des gesellschaftlichen Zusammenlebens.

Zu jeder Kultur gehört auch eine oder mehrere Religionen. Wo kommen sie her, was wollen sie bewirken, was sind die Hintergründe und wie haben sich die Religionen verändert seit es Menschen gibt? Wie heißen die großen Weltreligionen, wo begegnet man ihnen hauptsächlich, was verbindet sie und wodurch unterscheiden sie sich?

5. Die europäische Dimension und ihre ethischen Implikationen

Das gemeinsame „Haus Europa", wie Gorbatschow die gemeinsame Zugehörigkeit aller europäischen Nationen umschrieb, sollte 2005 eine gemeinsame Verfassung erhalten. Dies scheiterte jedoch an den Volksabstimmungen in Frankreich und den Niederlanden. Geblieben von diesem Verfassungsentwurf sind verschiedene ethische Ziele, die erreicht werden sollten, und die auch kaum von jemand infrage gestellt wurden. Sie sind es wert, im Ethikunterricht behandelt zu werden, mit Blick auf ein integriertes Europa, das Frieden, Freiheit und Wohlstand sichern will.

a) Pluralismus

Die Unionsbürger kommen derzeit aus 27 Ländern[1], die in kultureller Hinsicht wiederum nicht alle ein homogenes Umfeld abgeben. Zu den Einwohnern Europas, die ihren Wohnsitz frei in einem der 27 Staaten wählen dürfen und das auch oft tun, gesellen sich die Zuwanderer von anderen Kontinenten. Weder die migrierenden Europäer noch die Neuankömmlinge sind naturgemäß in der Lage, sofort ihre gewohnten Denkweisen und Haltungen zugunsten der Mentalität in ihrer neuen Heimat abzulegen. Die europäische Union erstrebt die gleichberechtigte Stellung verschiedener Normsysteme und Standpunkte und ist damit in ihrem Pluralismus ein ideales Forschungsgebiet für jeden Ethikunterricht, der ja untersuchen will, wie einzelne Moralsysteme funktionieren und was geschieht, wenn mehrere Moralsysteme aufeinandertreffen, wie das ja in der Union vorprogrammiert ist.

b) Nichtdiskriminierung

Die Nichtdiskriminierung einzelner ethnischer Gruppen in der Union erfordert das Schaffen von Verständnis und gegenseitigem Respekt. Dies wird im religionsneutralen Werteunterricht dadurch gefördert, dass die Lebensweisen in diversen kulturellen Umgebungen studiert und untersucht werden. Der religionsneutrale Ethikunterricht, so wie er hier vorgeschlagen wird, stützt sich auf die Menschenrechtserklärung von 1948 und ist damit ein hervorragendes schulisches Instrument gegen Diskriminierung.

c) Toleranz

Die Völkergemeinschaft erkennt in Artikel 2 der Allgemeinen Erklärung der Menschenrechte, Resolution 217 (III) der Generalversammlung der Vereinten Nationen vom 10. Dezember 1948, allen Menschen dieser Erde ohne Unterscheidung dieselben Rechte und Freiheiten zu. Wie im 2. Kapitel „Fundament für den religionsneutralen Ethikunterricht" (s. S. 22) erläutert, gehören die Menschenrechte und die damit verbundene Toleranz gegenüber Menschen anderer Rasse, Farbe, Geschlecht, Sprache, Religion, politischer und sonstiger Überzeugung, nationaler und sozialer Herkunft, zum Fundament dieses Werteunterrichts.

d) Gerechtigkeit

Gerechtigkeit an sich ist schon ein recht schwer mit konkretem Inhalt zu füllender

[1] Stand 2007

Begriff. Wird er dann zusätzlich auf augenblicklich 27 Länder aus verschiedenen Kulturkreisen mit verschiedenen Vergangenheiten angewendet, so kann man ihn mehr als Wunsch denn als konkrete Vorstellung sehen. Der Begriff „Gerechtigkeit" ist jedoch ein guter Anlass, um zusammen mit den Schülern über ihn nachzudenken und um herauszufinden, ob Gerechtigkeit überhaupt gerecht sein kann. Außerdem bietet er einen guten Anlass, um gemeinsam über Unterschiede und Gemeinsamkeiten von Moral und Gesetzen nachzudenken.

e) Solidarität

Solidarität wird oft als Verlegenheitssynonym für Brüderlichkeit verwendet. Wenn man außerdem weiß, dass der Franzose Giscard d'Estaing die Arbeiten zu der gemeinsamen europäischen Verfassung geleitet hat, dann ist man nicht mehr weit entfernt von „Freiheit – Gleichheit – Brüderlichkeit", und von da aus ist es nur ein kurzer Gedankengang bis zur Freimaurerei. Diese wiederum ist ein hervorragendes Beispiel um über weniger bekannte gesellschaftliche Bewegungen zu reden und ihr Wesen und ihre Ziele zu erkunden. Welchen Einfluss haben sie auf das politische Geschehen in Europa und weltweit, und wie hat sich dies in der Geschichte bemerkbar gemacht?

f) Gleichstellung von Frauen und von Männern

Selbstverständlich gelangt ein Schüler im religionsneutralen Ethikunterricht zu der Erkenntnis, dass Mann und Frau sich ergänzen und jeder seine starken und seine schwachen Seiten hat. Selbstverständlich sieht er auch ein, in Anwendung des zweiten Artikels der Menschenrechtserklärung, dass Frauen und Männer dieselben Rechte haben. Verwunderlich aber wird er es finden, dass beide oft nicht gleich behandelt werden, und sich fragen, warum das so ist.

Zugehörigkeit des Europäers zu zwei oder mehreren Moralsystemen
Damit verbunden sind:

a) deutlicheres Bewusstsein der regionsspezifischen moralischen Werte

Dadurch, dass die Europäer sich in dem neu entstandenen Haus Europa frei bewegen und sich dort niederlassen können, wo es ihnen am besten gefällt, werden die Unterschiede zwischen den verschiedenen, kulturell bedingten Mentalitäten bewusster erlebt und Haltungen und moralische Ansichten hervorgehoben. Dies bildet ein fast grenzenloses Untersuchungsfeld für den Ethikunterricht.

b) Konfrontation mit neuen Werten

Es ergibt sich ganz natürlich, dass beim Aufeinandertreffen von mehreren Moralsystemen zuerst eine Konfrontation entsteht. Ist dann schon eine gewisse Geübtheit im Umgang mit solchen Situationen vorhanden und wird Toleranz und gegenseitiger Respekt geübt, so geschieht das ohne nennenswerte Reiberei. Man kann sogar davon ausgehen, dass neue gemeinsame Werte entstehen.

c) Entstehen von neuen gemeinsamen Werten

Diese neuen Werte sind die Synthese von miteinander verschmolzenen früheren moralischen Werten aus den verschiedenen Kulturkreisen. Sie sind gegenwarts- und zukunftsorientiert in der Erwartung einer integrierten europäischen Gesellschaft. Zusammen mit dieser Gesellschaft werden sie sich geschichtlich verändern.

6. Die pädagogischen Mittel

Der Ethikunterricht ist ein besonderes Fach, und dementsprechend wird man neben den üblichen auch auf besondere pädagogische Mittel zurückgreifen. Neben der Methodik an sich, die im Übrigen nicht nur für den Lehrer, sondern auch für den Schüler Gültigkeit hat und die im Kapitel „Ein allgemein anwendbares Behandlungsschema" näher erläutert ist, wird der Pädagoge folgende Maßnahmen anwenden:

6.1 Geläufige Mittel

Es handelt sich hierbei um Verfahrensweisen, die in jedem Fach ihre Berechtigung haben, im Ethikunterricht jedoch beinahe unerlässlich sind.

a) Das Klassenzimmer

Das Klassenzimmer sollte eine gemütliche, ruhige Atmosphäre ausstrahlen, in der sich sowohl Lehrer als auch Schüler wohlfühlen. Wenn möglich, sollte man eine Leseecke und einen separaten Tisch mit ein paar Stühlen für die Schüler im Klassenzimmer bereitstellen. Zumindest ein Computer mit Internetanschluss sollte den Schülern für Recherchen und zum Ansehen von dokumentarischen Filmen ebenfalls zur Verfügung stehen. Wenn die Möglichkeit besteht, so ist es in vieler Hinsicht von Nutzen, Regale an den Wänden aufzustellen in denen Nachschlagewerke, Sachbücher und andere, für den Ethikunterricht nützliche Bücher sowie Videos und digitale Datenträger ausgestellt werden. Ein Ethiksaal lässt sich auch leicht mit einem Montessorisaal kombinieren.

1) Der Arbeitstisch

Mitten im Klassensaal sollte sich ein großer Arbeitstisch befinden. Er kann aus einem oder zwei großen Möbeln bestehen, oder aber aus zusammengerückten Schülertischen geschaffen werden. Um ihn setzen sich die Schüler zusammen mit dem Lehrer, der so zu einem der ihren wird und das Unterrichtsgespräch als Moderator leitet.

Der große Arbeitstisch hat den Vorteil, dass er einerseits alle Anwesenden miteinander verbindet und andererseits erlaubt, dass alle Schüler sich anschauen können. In der Mitte des Tischs werden die Bücher, Nachschlagewerke und andere Dokumente wie z. B. Zeitungen hingelegt, die zur Erarbeitung des Themas benötigt werden. Die Schüler können darauf zurückgreifen und sie dann wieder an ihren Platz legen, sodass ihre Mitschüler sie ebenfalls benutzen können.

2) Die Dokumentation (Bibliothek, Internet, ...)

Das Arbeiten mit Dokumenten, das Nachschlagen, das Sich-kundig-machen, das Erlangen von neuem Wissen ganz allgemein sind sehr wichtige Elemente des Ethikunterrichts. Die Schüler kommen ja zur Schule um etwas zu erfahren, zu erlernen, und es ist die Pflicht des Lehrers, ihnen dabei zu helfen. Der Lehrer besitzt normalerweise einen größeren Wissensschatz als die Schüler, aber niemand kann von ihm erwarten, dass er alles weiß. Er kennt jedoch den Weg zum

Wissen, er weiß, wo die Schüler Antworten auf ihre oft überraschenden Fragen finden können, und es ist seine Aufgabe, den Schülern die Wege zum Wissen zu zeigen. Deshalb stellt er ihnen im Rahmen seiner Möglichkeiten alles zur Verfügung, was sie hierzu brauchen. Zusätzlich lehrt er sie, mit der Dokumentation zu arbeiten.

b) Die Stimmung in der Klasse

Es sollte eine gute, wenn nicht sogar eine etwas lockere Stimmung in der Klasse herrschen. Im Ethikunterricht wird weder gepaukt noch gebüffelt, sondern man kommt gemeinsam und mit viel Neugierde neuen oder unbekannten Sachverhalten auf die Spur. Die Schüler brauchen nur in Ausnahmefällen etwas auswendig zu lernen, sie müssen nur in seltenen Fällen eine Arbeit zu Hause erledigen, und wenn, dann handelt es sich dabei um Aufgaben wie Prospekte oder Fotos sammeln oder Dokumente suchen und aufspüren. Es besteht also kein Grund, die Schüler aufzurufen oder sie sonst irgendwie von oben herab zu bevormunden.

c) Die Utensilien des Schülers

Neben den üblichen Schreib- und Zeichenutensilien gehört zum Schulmaterial des Schülers eine Arbeitsmappe im DIN-A4-Format mit herausnehmbaren Blättern, in die auch die im Buchhandel verfügbaren Arbeitsvorlagen eingelegt werden können. Diese Mappe ist von großer Wichtigkeit: Sie zeigt, wie sorgsam der Schüler mit seiner Arbeit umgeht – eine Form von Respekt gegenüber sich selbst und gegenüber dem Lehrer. Außerdem legt sie Zeugnis ab über das, was im Unterricht erarbeitet wurde und kann dem Lehrer nötigenfalls als Beleg dienen, falls man ihm einmal den Vorwurf machen sollte, er habe es an der gebotenen Neutralität fehlen lassen.

6.2 Spezifische Mittel

Neben der Methodik kommen im Ethikunterricht ein paar bekannte, aber in anderen Fächern wenig gebrauchte pädagogische Mittel zur Anwendung.

a) Die Freiarbeit

Freies Arbeiten bedeutet, dass die Schüler frei entscheiden, was, womit, wie, wo, wann, mit wem und wie lange sie etwas lernen dürfen. Wohlverstandene Freiarbeit bedeutet jedoch nicht, dass die Schüler gar nichts zu lernen brauchen, und sie bedeutet auch nicht, dass sie nicht eine gewisse Arbeitsdisziplin einzuhalten brauchen.

Freies Arbeiten gehört schon von der Mentalität her in den Ethikunterricht, der ja die jungen Menschen in die Lage versetzen will, später in ihrem Leben selbstständig, also ohne fremdes Zutun, frei in der menschlichen Gesellschaft mitzuentscheiden. Daneben ist die Freiarbeit aber auch ein notwendiges Instrument beim Aufspüren von Informationen. Sie fördert die Kreativität, die Individualität und das Zusammenarbeiten. Außerdem entwickelt sie Verantwortungsbewusstsein gegenüber sich selbst, der eigenen Arbeit und der Schule.

In einem vorzugsweise fächerübergreifenden Ethikunterricht bietet die Freiarbeit dem Schüler folgende Wahlmöglichkeiten:

- Die freie Wahl des Lerninhalts
  Der Schüler wählt, welche Arbeit oder welchen Teil der Arbeit er verrichten will.

- Die freie Wahl des Lerntempos
  Nicht alle Schüler haben denselben Lernrhythmus. In der Freiarbeit kann der Schüler selbst entscheiden, wie schnell er arbeiten will.

- Die freie Wahl der Arbeitsmittel
  Es steht dem Schüler frei, die Mittel selbst zu bestimmen, die ihm beim Erledigen seiner Lernarbeit helfen sollen. Vorbedingung ist allerdings, dass alle infrage kommenden Mittel rechtzeitig zur Verfügung gestellt wurden.

- Die freie Wahl der Sozialform
  Der Schüler darf wählen, ob er lieber alleine oder mit anderen zusammen lernen will. Er kann auch seine Arbeit in Etappen aufteilen, in denen er einzelne allein, und den Rest zusammen mit anderen lernen will.

- Die freie Wahl des Lernorts
  Lernort während der Schulzeit ist immer das Klassenzimmer. Doch innerhalb dieses Zimmers können diverse Lernorte eingerichtet sein. Neben der Schulbank kann es einen großen gemeinsamen Arbeitstisch geben, ebenso Leseecken, in die die Schüler sich beispielsweise zum Recherchieren zurückziehen können.

- Die freie Wahl der Präsentation
  Der Schüler wählt, ob er seine Arbeit mündlich oder schriftlich präsentieren will. In höheren Klassen können zusätzlich elektronische Mittel wie Beamer oder andere Projektoren zum Einsatz kommen.

- Die freie Wahl Hilfe in Anspruch zu nehmen
  Wenn der Schüler der Ansicht ist, dass er seine Schularbeit allein verrichten kann, so darf er das. Es besteht aber immer auch die Möglichkeit, den Lehrer um Hilfe zu bitten.

b) Das Recherchieren

Hinterfragen, infrage stellen, sowie der Anspruch auf die Freiheit, alles zu untersuchen, sind feste Bestandteile des Ethikunterrichts. Folgerichtig gehört das Recherchieren, das Forschen nach der Wahrheit, zum Handwerk des Ethikschülers. Der Lehrer zeigt ihm dabei den Weg zu neuem Wissen. Voraussetzung dafür ist u. a. die leider nicht selbstverständliche Kenntnis der alphabetischen Reihenfolge. Eine gute Übung besteht darin, dass der Lehrer den Schülern eine dem schulischen Niveau angepasste Liste mit Namen und Begriffen vorlegt, die sie in einer vorhandenen Dokumentation nachsuchen sollen.

c) Dokumentation erarbeiten

Ziel des Recherchierens ist das Auffinden von Dokumenten. Sie können sich in den unteren Klassen aus Bildern und Fotos zusammensetzen. In den höheren Klassen werden dann Nachschlagewerke benutzt und zuletzt kommen ganze Artikel aus Büchern, Zeitungen oder Zeitschriften zum Einsatz. Die Schüler lernen nach und nach, Informationen in Büchern oder periodischen Publikationen aufzuspüren. Sie lernen zudem, Texte gewissenhaft zu lesen und zu verstehen, und zu guter Letzt versuchen sie, zwischen den Zeilen zu lesen.

Ein besonderes Augenmerk sollte dabei auf die Objektivität der Berichte gelegt werden; gegebenenfalls werden Zeitungsartikel zum aktuellen Geschehen von verschiedenen Publikationen verglichen, damit das politische Element herausgefiltert und mit dem tatsächlichen Sachverhalt gearbeitet werden kann.

Auch die Tatsache, dass auf dem Deckel eines Nachschlagewerkes das Wort „Lexikon" oder „Enzyklopädie" steht, ist noch lange kein Garant dafür, dass beim Inhalt, jedenfalls stellenweise, stets größte Sorgfalt auf Neutralität gelegt wurde. Zudem variieren die Begriffsbestimmungen oft, je nachdem aus welchem Land das Nachschlagewerk stammt – als Beispiel sei nur der Begriff „laizistisch" genannt.

Folgende Schritte zur Einführung in die Arbeit mit Dokumenten sollte man vorsehen:

1. *Grundschule – untere Klassen:*
   - Bild- und Sachmaterial sammeln.
   - Dokumentation von eigenen Gefühlen, Erfahrungen, Einstellungen ...; z. B.:
     - Bilder malen,
     - Sprech- und Denkblasen ausfüllen,
     - kurzes, schriftliches Festhalten.

2. *Grundschule – obere Klassen:*
   - Nachschlagen in Lexika (Begriffsbestimmungen).
   - Umfragen – Fragebogen im Klassenverbund erstellen und auswerten.
   - Kurze Informationen sammeln, z. B.: in Sachbüchern, Kinder- und Jugendzeitschriften ... (sich orientieren am Titel, gegebenenfalls am Titelbild des Buches, Inhaltsverzeichnis ...).
   - Dokumentation koordinieren – begrenzte Anzahl von dokumentarischen Informationen zurückbehalten.

3. *Sekundarunterricht:*
   - Information aus Texten herauskristallisieren.

- Artikel in Zeitschriften effizient suchen und lesen.
- Dokumentation koordinieren.
- Differenzieren zwischen linearer und gefächerter Dokumentation.

d) Der Fragebogen

Der Fragebogen ist ein gutes Instrument um eigenständige Informationen, die in manchen Fällen sogar prozentual ausgewertet werden können, zu sammeln. Bevor man jedoch einen Fragebogen als pädagogisches Mittel einsetzt, sind vorab einige Fragen zu klären:

- Was soll mit dem Fragebogen erreicht werden?
- Wer soll befragt werden?
- Wie viele Personen sollen befragt werden?
- Wo und wann soll die Befragung durchgeführt werden?
- Ist die Sicherheit der Schüler gewährleistet?

Als möglichen Inhalt eines Schülerfragebogens sieht man dann vor (je nach Thema wird hier eine Wahl getroffen):

1. *Angaben zu den Befragten:*
   - Altersklasse der Befragten (je nach Thema fallen sie anders aus).
   - Geschlecht der Befragten.
   - Je nach Thema Angaben zu Beruf, familiärer Situation, usw.

Wenn es zu Unklarheiten in Bezug auf den Begriff kommen kann, ist es nötig, die Frage näher zu bestimmen, beispielsweise: Was wird unter Freizeit verstanden?

2. *Hinweise zu den Fragen:*
   Zwei Kategorien Fragen können auftreten:
   - sachbezogene Fragen (z. B.: Wo verbringst du deine Freizeit?),
   - gefühlsbezogene Fragen (z. B.: Fühlst du dich überfordert?).

Besonders wenn Kinder andere Kinder befragen sollen, ist es ratsam, die möglichen Antworten vorzugeben; z. B.: Auf die Frage, wo sie ihre Freizeit verbringen, gehören Denkanstöße wie: zu Hause, im Sportverein, usw.

3. *Mögliche Antworten, je nach Thema und nach Zielgruppe:*
   - Stufungen angeben (z. B.: nie, selten, manchmal, oft, immer),
   - Skala angeben (z. B.: von 0 bis 10),
   - Nummerierung angeben.

Prinzipiell sollte jeder Fragebogen folgende Angaben enthalten:
- Name des Schülers (Fragestellers),
- Datum,
- Schulklasse,
- evtl. Fach (falls der Fragebogen in mehreren Fächern benutzt werden soll.

Als Schlussbemerkung zum Fragebogen sei noch erwähnt, dass die Fragen bei der Durchführung der Befragung schriftlich vorhanden sein sollen, und dass auf die Vermeidung des Halo-Effekts geachtet werden soll. Er entsteht dann, wenn die Abfolge der Fragen einen Einfluss auf die nachfolgenden Fragen haben kann; der Effekt wird durch die Einfügung einer neutralen Frage vermieden.

e) Das Rollenspiel

Es muss unterschieden werden zwischen Rollen- und Theaterspiel. Das Theaterspiel basiert auf einem vorgegebenen Text für die Darsteller und Anweisungen für die Regie. Dem Schauspieler bleibt nur die künstlerische Interpretation des Textes und die Darstellung, der vom Autor vorgesehenen Ereignisse.
Beim Rollenspiel dagegen sind dem Einfallsreichtum der Darsteller kaum Grenzen gesetzt: Ein Textbuch und Regieanweisungen gibt es nicht. Es ist allerdings ratsam, dass der Lehrer die ersten paar Worte und die Ausgangsszene vorgibt.

Das Rollenspiel hat viele Vorteile:
- es bietet den introvertierten Schülern die Gelegenheit, ihre Gedanken und Gefühle zu äußern – sie spielen ja eine Rolle, nicht sich selbst;
- es befähigt alle Schüler, eigene Meinungen und Probleme zu erörtern;
- es gibt den Schülern die Möglichkeit, Verständnis für die Beweggründe anderer zu erlangen;
- es ermöglicht, verschiedene Abläufe eines Geschehens durchzuspielen;
- es vereint reale Geschehnisse mit theoretischen Schulinhalten.

Das Rollenspiel kann auf vielfältige Art und Weise eingesetzt werden:
- als Einstieg in ein neues Thema;
- zur Darstellung eines aktuellen Geschehens;
- als Zentralverfahren einer Unterrichtseinheit;
- als Unterbrechung in einer eintönig gewordenen Unterrichtsstunde;
- zur Zusammenfassung des Besprochenen.

Das Rollenspiel kann in zwei Varianten ausgeführt werden:
1. als „Fischteichverfahren" und
2. als multiples Verfahren.

1. Das Fischteichverfahren

Man stelle sich einen Fischteich vor, in dem Fische schwimmen und um den herum Kinder und Erwachsene stehen oder sitzen und zuschauen. Genauso verhält es sich bei dem Fischteichverfahren für das Rollenspiel: Eine ausgewählte Gruppe Schüler führt ein Rollenspiel auf, während der Rest der Klasse zuschaut, sich gegebenenfalls Notizen macht und den Verlauf des Rollenspiels aufmerksam verfolgt. Nachdem die erste Gruppe ihre Version des Geschehens vorgetragen hat, kommt die nächste Gruppe daran, usf. Zum Schluss werden dann die verschiedenen Varianten besprochen.

Der Vorteil dieser Form des Rollenspiels liegt darin, dass der Lehrer keine Schwierigkeiten hat, die Disziplin in der Klasse aufrechtzuerhalten, und die Schüler ihre Aufmerksamkeit auf das Zuschauen verwenden können. Nachteilig wirkt sich aus, dass das Fischteichverfahren viel Zeit in Anspruch nimmt, wenn alle Schüler aktiv daran teilnehmen sollen.

2. *Das multiple Verfahren*
   Diese Form des Rollenspiels sieht vor, dass alle Schüler der Klasse in Gruppen eingeteilt werden und zeitgleich, im Klassenzimmer verteilt, ein Rollenspiel aufführen.
   Der Vorteil dieses Verfahrens besteht darin, dass alle Schüler zugleich aktiv sein können, der Nachteil aber ist offensichtlich: Ein Zuschauen ist nicht möglich, und die Disziplin ist nur sehr schwer zu wahren.

f) Die Gruppenarbeit

Die Gruppenarbeit, die als eine Variante der Freiarbeit angesehen werden kann, ist nicht nur für das „Sichdokumentieren" überaus wichtig.
Zuerst ist die dynamisierende Komponente hervorzuheben: Schwache Schüler werden von den leistungsstärkeren mitgerissen, schulisch starke Schüler hingegen lernen das Organisieren der Arbeit sowohl in stofflicher als auch in gruppendynamischer Hinsicht.
Hinzu kommt die Zeitersparnis: Die Arbeit wird unter mehreren Kindern aufgeteilt, die Resultate zusammengelegt.
Die Gruppe als solche kann sich auf zweierlei Arten zusammensetzen:

1. Die Schüler bestimmen selbst, mit wem sie zusammenarbeiten möchten.
   Hier kommen dann Sympathie und Antipathie, Freundschaft und auch die gemeinsamen Interessen zur Geltung.
2. Der Lehrer bestimmt die Zusammensetzung der Gruppe.
   Er teilt der Gruppe schulisch starke, mittelmäßige und schwache Schüler zu, wobei die gesamte Anzahl der Mitglieder der Gruppe variabel ist. Meistens setzt eine Gruppe sich aus vier oder fünf Schülern zusammen. Die Möglichkeit besteht, einen „Chef" der Gruppe zu bestimmen, der dafür sorgt, dass die Arbeit voranschreitet, jeder in der Gruppe zu Wort kommt und die Arbeit gerecht verteilt wird.

g) Die punktuelle philosophische Untersuchung

Im Ethikunterricht ist es stellenweise nützlich, die Technik der philosophischen Erörterung mit Kindern einzusetzen. Sie erlaubt es, gedankliche Nachforschungen weiter voranzutreiben als dies mit der rein sachbezogenen Analyse möglich ist.
Philosophieren mit Kindern ist eine inzwischen weltweite pädagogische Bewegung mit einer ihr eigenen Technik, die einzusetzen sich niemand zu scheuen braucht. Die Schüler reagieren mit Freude auf dieses Angebot und fühlen sich motiviert, mitzudenken.

1. Damit eine Philosophiestunde in der Grundschule Früchte trägt, sollten verschiedene Regeln berücksichtigt werden. Sie werden im Kapitel „Philosophieren mit Kindern" (s. S. 42) erläutert.

h) Die Bewertung der Schülerarbeit

Auch der Ethikunterricht kommt nicht ohne eine Bewertung der Schülerarbeit aus. Allerdings gestaltet sie sich besonders schwierig, will man objektiv bleiben. Der Ethikunterricht räumt einerseits jedem Schüler das Recht ein, sich eine eigene Meinung zu bilden, auch wenn sie von der des Lehrers abweicht. Andererseits ist es schwierig, die im Ethikunterricht von den Schülern geleistete Arbeit zu bewerten, da zu viele, auch familiäre Faktoren sich auf das Benehmen und die geistige Veränderung des Schülers auswirken. Es gilt also, für den Ethikunterricht spezifische Überlegungen anzuführen:
Im Ethikunterricht ist die Bewertung der Leistung des Schülers eine sowohl komplizierte als auch quantitativ ungenaue Aufgabe, nicht zuletzt deshalb, weil keine direkt messbare Prüfung des Wissensstandes vorgenommen werden kann.

Im Ethikunterricht kann man also nicht von der klassischen Testsituation ausgehen (Testentwicklung – Testdurchführung – Testauswertung). Man muss vielmehr von der ganz speziellen Bewertungssituation, die mit der Methode des Ethikunterrichts inhärent ist, ausgehen; dies bedingt, dass die Leistung der Schüler vor allem aufgrund einer kontinuierlichen und objektiven Beobachtung bewertet wird.

Die folgende Bewertungstabelle, welche sich sowohl an den gängigen Bewertungsnormen und -elementen als auch an der Methodik selbst orientiert, sollte dem Lehrer die nötigen Anhaltspunkte bieten, eine möglichst vollständige Bewertung durchzuführen. Hierbei ist jede der angeführten Kriterien mit einer Punktzahl von 0 – ...[1] und der entsprechenden Note (5 – 1) zu bewerten. Als Endnote ist der Durchschnitt der 5 Punktwertungen zu nehmen.
Anmerkung: In Bezug auf die Reliabilität der Benotung im Ethikunterricht sei darauf aufmerksam gemacht, dass an eine größtmögliche Objektivität seitens der Lehrkraft zu appellieren ist, um die klassischen Messfehler, welche auf einer zu subjektiven Bewertung beruhen, möglichst gering zu halten.

BEWERTUNGSTABELLE

	Note	Punkte
1. Informationen hinsichtlich des Unterrichtsgegenstandes sammeln in freier Arbeit und unter Anleitung des Lehrers.		
2. Arbeiten mit der so erstellten Dokumentation: Material durchsehen, prüfen und auswerten wie in der Methodik vorgesehen.		
3. Führung des persönlichen Ordners als Spiegel des neu erworbenen Wissens und als Ausdruck des Respekts gegenüber sich selbst und gegenüber dem Lehrer.		
4. Allgemeine Arbeitshaltung und Benehmen in der Klasse in Bezug auf die im Ethikunterricht erworbenen Einsichten.		
5. Wille zur Gedankenfolge und Fähigkeit zur Reflexion über die vermittelten Inhalte des Ethikunterrichts.		
Note und Punkte		

[1] je nach Land

7. Philosophieren mit Kindern

Der Gedanke, mit Kindern zu philosophieren, mag manchen überraschend erscheinen. Die einen werden der Meinung sein, dass sie selbst nicht über die nötige Ausbildung verfügen, die anderen werden mitleidig lächeln und erklären, dass ihre Schüler so etwas doch nicht können. Irrtum! Jeder Lehrer und jeder Schüler kann das! Man braucht sich bloß bewusst zu machen, dass man nicht große Philosophen studiert, sondern dem Bildungsstand der Schüler entsprechend laut über die Dinge des Lebens nachdenkt. Und das kann doch jeder!

a) Allgemeine Überlegungen

„Philosophieren mit Kindern" gehört zur Architektur des Ethikunterrichts, allein schon weil dieses Fach aus der Philosophie heraus entstanden ist. Aber es gibt noch einen anderen triftigen Grund, wenigstens punktuell auf diese Technik zurückzugreifen: Allein mit sachlichen oder gar wissenschaftlichen Untersuchungen kommt man den Dingen nicht immer vollständig auf den Grund. In einem solchen Fall ist es also angebracht, die rein sachliche Besprechung durch eine philosophische zu ergänzen. Die Schüler reagieren mit Begeisterung darauf.

b) Vorgehensweisen

Eine Philosophierunde ähnelt im äußeren Ablauf einem freien Unterrichtsgespräch, und es besteht die Möglichkeit, dass anlässlich eines solchen Gesprächs einige Schüler sich sehr lautstark engagieren werden. Ein produktives Nachdenken wird dann illusorisch. Deshalb hier einige Empfehlungen[1]:

1. Es ist am vorteilhaftesten, wenn die Schüler in einer Runde sitzen und sich gegenseitig anblicken können.

2. Der Lehrer nimmt ebenfalls Platz in dieser Runde, verzichtet darauf zu lehren, und übernimmt die Rolle eines Moderators.

3. Wenn geredet wird, geschieht dies unter Einhaltung einer bestimmten Disziplin:
   - Niemand fällt niemandem in die Rede – dies gilt im Normalfall auch für den Lehrer,
   - alle hören zu wenn jemand spricht,
   - Antworten und neue Argumente beziehen sich auf das zuvor Gesagte bzw. bauen darauf auf.
   - Die Gesprächsrunde bemüht sich, im Gedankengang eine konstruktive Linie zu verfolgen.

4. Manchmal ist es nützlich, manchmal sogar notwendig, den Schülern die Möglichkeit zu geben, sich auch manuell zu beschäftigen. In diesem Fall nimmt die Philosophierunde am besten um einen großen Arbeitstisch Platz, auf dem Schreib- und Zeichenmaterial sowie Schreib- und Zeichenblätter bereitliegen.

[1] Vgl. hierzu auch: Kleine Philosophen – Große Denker; Berens & Koob; Auer Verlag, 2006

Dies gibt den Schülern die Möglichkeit, – auch gezeichnete – Notizen zu machen oder aber auch bloß ihre Nervosität abzureagieren.

5. Ganz prinzipiell erfolgt die Diskussion in gegenseitigem Respekt, was auch bedeutet, dass niemand als dumm oder unwissend dargestellt wird.

6. Der Lehrer unterlässt es, den Schülern seine persönliche Meinung aufzudrängen. Im Gegenteil: Er sorgt dafür, dass jeder Schüler in seinem Inneren die Möglichkeit behält, eigene Haltungen aufzubauen, die dann auch dazu beitragen, seine Persönlichkeit weiterzubilden.

8. Ein allgemein anwendbares Behandlungsschema von Unterrichtseinheiten

Der Ethikunterricht kann als alleinstehendes Fach behandelt werden. Er eignet sich aber auch hervorragend für einen fächerübergreifenden Unterricht. So kann beispielsweise die Erarbeitung des Verständnisses für eine bis dahin wenig bekannte Kultur im Sprachunterricht durch eine entsprechende Lektüre, im Gymnastikunterricht durch Tänze, im Kunstunterricht durch Betrachten von Bildern und Herstellen von ähnlichen Zeichnungen, und im Musikunterricht durch Hören und Reproduzieren von lokalen Melodien ergänzt werden.

a) Hinweise

1. Objektivität und Neutralität
   Je jünger die Schüler sind, desto größer ist der Einfluss, den der Lehrer auf ihr Denken ausüben kann. Wenn eine bewusste, im Ethikunterricht jedoch nicht erwünschte, Einflussnahme stattfindet, so ist sie sicherlich gut gemeint und verfolgt ein erzieherisches Ziel.
   Im Ethikunterricht jedoch ist Objektivität und Neutralität des Lehrers vorrangig. Dieser Werteunterricht setzt sich ja als Aufgabe, den Schülern in ihrem Werdegang zu verantwortungsbewussten Mitgliedern der menschlichen Gesellschaft Wege zu zeigen und intellektuelle Mittel zu geben, die ihnen die Wahrnehmung dieser verantwortlichen Aufgabe ermöglichen sollen. Der Ethikunterricht hat nicht zum Ziel, Schüler mit Dogmen zu überfluten, sondern er möchte sie lehren, kritisch zu denken und Sachverhalte zu hinterfragen. Der Ethikunterricht ist ein nicht-dogmatischer Unterricht.

   Im Verlauf einer Unterrichtseinheit entsteht ein Wissen, eine neue Kompetenz beim Schüler. Sie vermischt sich mit dem Wissen und den Haltungen, die er bis dahin aus dem zu Hause Gehörten und bei sich selbst Erdachten gewonnen hatte. Damit dies bewerkstelligt werden kann, braucht der Schüler eine Art virtuellen inneren Raum, in dem Gedanken und Gefühle sich frei und ohne Einfluss von draußen bewegen und neu gestalten können. Dass es diesen privilegierten und geschützten Raum geben kann, dafür muss der Lehrer sorgen. Er muss dem Schüler sein Recht auf eine eigene Meinung und auf eigene Haltungen zusichern und ihn notfalls vor sich, dem Lehrer, schützen, da er oft glaubt, es besser zu wissen, weil in seinen Augen alles so offensichtlich scheint. Die Stellung hinter einem Pult ist so mächtig und einflussreich, dass es manchmal schwer fällt, sie nicht zur Meinungsbildung zu gebrauchen. Doch welche Meinung sollte ein Lehrer seinen Schülern im Ethikunterricht aufdrängen? Seine persönliche – ja aber, mit welchem Recht? Die eines Staatsdieners? Aber dann würde man im Werteunterricht öffentliche Moral oder Staatsmoral unterrichten! So etwas gab es schon einmal … Und wer möchte das nochmal erleben?

   Nachdem man also ein Thema aufgearbeitet hat und dem Schüler die Freiheit seiner eigenen Meinung und Haltungen gelassen hat, kann es vorkommen, dass dieser seine Ansichten mit denen des Lehrers konfrontieren möchte. In diesem Fall darf man den Schüler nicht allein lassen sondern soll auf ihn eingehen; fragt er nach der Meinung des Lehrers, so soll dieser sie ihm nicht nur mitteilen, sondern auch erklären, wie er zu dieser Ansicht gekommen ist. Er soll das aus zweierlei Gründen tun: Erstens zeigt er dem Schüler, dass er ihn respektiert, sich Mühe gibt und ihm Vertrauen entgegenbringt. Der Schüler wird zu sich selbst und auch seinen Mitschülern gegenüber eine andere Einstellung bekommen. Zweitens braucht ein junger Mensch Gelegenheiten, um sich an der Welt der Erwachsenen zu messen, ähnlich einem angehenden Bergsteiger, der sich an einer Übungswand versucht. Im Klassenzimmer wird die Welt der Erwachsenen durch den Lehrer vertreten. Dieser soll in einem solchen Fall seine eigene Einschätzung mit der des Schülers vergleichen, und wenn dies geschehen ist, so soll er den Schüler darauf hinweisen, dass er ein Recht, wenn nicht sogar die Pflicht gegenüber sich selbst hat, sich eine eigene Meinung zu bilden und nicht einfach die des Lehrers zu übernehmen.

2. Sensibilität

Ein wirkliches Tabu im Ethikunterricht gibt es nicht, wenn man auf die Sensibilität der Schüler achtet. Natürlich müssen auch die Sprache und das Gesprächsniveau der Entwicklungsstufe der Schüler angepasst sein.

Eine Einschränkung muss jedoch gemacht werden: Es ist nicht immer angebracht, verschiedene Themen zu bestimmten Zeitpunkten zu behandeln. So wird man nicht über Scheidungen sprechen, wenn die Eltern eines Kindes sich gerade in dieser Phase befinden, oder man behandelt das Thema „Tod" möglichst nicht dann, wenn ein Kind soeben einen geliebten Menschen oder sein Lieblingstier verloren hat. Allerdings gibt es zu dieser Einschränkung auch eine Ausnahme: Wenn ein davon betroffener Schüler wünscht, dass gerade eben über ein solches Thema in der Schule gesprochen wird, dann sollte der Lehrer diesem Wunsch auch Rechnung tragen.

Die Sexualität ist bekannterweise eines der Hauptthemen des Ethikunterrichts. Doch auch hier sollte der Lehrer auf die Empfindsamkeit nicht nur der Schüler sondern auch ihrer Eltern achten. Er sollte sich aber auch bewusst sein, dass der Ethikunterricht ein im Lehrplan vorgesehenes Fach ist – mit allem, was das an Auflagen und an Rechten für ihn bedeutet.

3. Diskretion

Im Ethikunterricht wird unter anderem auch über das Leben in der Familie gesprochen. Dieses und verschiedene andere Themen können Anlass zu Indiskretionen geben. Ein Lehrer ist gewohnt, dass die Schüler viel aus ihrem Privatleben erzählen und er empfindet das oft als etwas Selbstverständliches. Manche Eltern sind nicht dieser Meinung und sie mögen es nicht, wenn Privates in der Schule besprochen wird. In solchen Fällen sollte der Lehrer darauf verzichten, die Schüler beispielsweise berichten zu lassen, wer am Morgen am Frühstückstisch saß, sondern auf eine fiktive Familie zurückgreifen, und die Schüler dann diese beschreiben lassen.

b) Unterrichtsziel

Als Erstes setzt der Lehrer das Unterrichtsziel, das er erreichen will, fest. In der schriftlichen Fassung des zu erreichenden Ziels kommen prinzipiell Begriffe wie „der Schüler muss lernen …", oder „muss begreifen …" usw. nicht vor. Es soll dem Schüler ja keine Meinung aufgedrängt werden – er soll im Gegenteil zu einer eigenen Erkenntnis geführt werden. Deshalb werden vorzugsweise Wendungen wie „der Schüler soll erfahren …" oder „er soll untersuchen …" und „er soll versuchen zu verstehen …" verwendet. Eine kurze Überschrift dient den Schülern als Arbeitstitel für ihren Ordner oder ihre Mappe.

c) Zugehörigkeit zu einem Thema

Der besseren Ordnung und der Übersichtlichkeit halber bestimmt der Lehrer die Zugehörigkeit des Unterrichtsziels zu einem der im Lehrplan vorgesehenen Themen.

d) Didaktische Analyse

Das pädagogische Ziel wird eingegrenzt, die Frage nach dem genauen „Was?" gestellt.
Um das Unterrichtsziel zu erreichen ist es notwendig, verschiedene Stufen zu durchlaufen, die normalerweise auf Fragen aufbauen, auf die unbedingt eingegangen werden muss, um das pädagogische Ziel zu erreichen. Diesen Fragenkatalog stellt der Lehrer zusammen und er besteht darauf, dass die Schüler Antworten auf diese Fragen suchen. Die Schüler selbst werden auch Punkte aufzählen, über die sie gerne reden möchten. Da sie in die Schule kommen, um etwas dazuzulernen, werden auch diese Fragen gesammelt. Zusätzlich motiviert es die Schüler, wenn auf ihre Interessen eingegangen wird.

Zur Vorbereitung des Lehrers gehört aber auch, dass er sich sachkundig macht, und zwar in einem Maße, das weit über das vorgesehene Unterrichtsziel hinausgeht: Im Ethikunterricht weiß man genau, wie die erste Unterrichtsstunde beginnen soll, aber man weiß nie, wo die letzte aufhört. Es kommt nicht selten vor, dass die Schüler sich für ein Thema begeistern und den Lehrer in ein Gespräch mit hineinreißen, das er nicht vorgesehen hatte. Und dann kann er nie gut genug vorbereitet sein.

Wo und wie die Unterrichtseinheit beginnt, bestimmt der Lehrer. Wann und wo sie aufhört, bestimmen zu einem großen Teil die Schüler.

Der Lehrer kennt sein Unterrichtsziel. Die Schüler kennen es nicht. Dafür besitzen sie oft einen ungeahnten Wissensdrang. So wird der Lehrer oft mit Fragen konfrontiert, die er nicht vorhergesehen hat. Auch auf diese sollte er kurz eingehen, um dann wieder zum eigentlichen Thema hinüberzulenken.
Niemals jedoch sollte er einen Schüler mit seinen Überlegungen im Stich lassen; stets sollte er sich mit seinem Wissen zur Verfügung stellen und dem Kind die Möglichkeit geben, zu einer eigenen, selbstständigen Ansicht zu gelangen.

e) Methodische Analyse

Wie will der Lehrer seine Klasse zum Unterrichtsziel hinführen?
Nachdem die verschiedenen Schritte festgehalten wurden, die zur Klärung der maßgeblichen Fragen führen, bestimmt der Lehrer die pädagogischen Mittel, die er einsetzen will, um sein pädagogisches Ziel zu erreichen. Im Kapitel „Die pädagogischen Mittel“ sind die wichtigsten und für den Gebrauch im Ethikunterricht am besten geeigneten methodischen Instrumente aufgezählt: die Freiarbeit, das Recherchieren, das Arbeiten mit Dokumenten, der Fragebogen, das Rollenspiel, die Gruppenarbeit und die punktuelle philosophische Untersuchung ebenso wie das freie Unterrichtsgespräch. Aus diesem Arsenal von Mitteln sucht der Lehrer das passende heraus.

f) Materialien.

Jedes Thema verlangt nach anderen Materialien, die zum Erreichen des Unterrichtsziels geeignet sind. Es können dies Dokumente aller Art sein: Zeitschriften, Fotos, Reiseprospekte, Filme und Videos, Musik-CDs, Sachbücher, Lexika usw. Oft ist auch eine Recherche im Internet von großem Nutzen, vorausgesetzt, ein Computer und eine Internetverbindung stehen zur Verfügung.
Des Weiteren wird oft Zeichenpapier und -material oder Bastelmaterial benötigt.

Bei der Aufstellung des benötigten Materials teilt der Lehrer es in zwei Kategorien auf: In eine erste, die er selbst besorgt und den Schülern zur Verfügung stellt, und in eine zweite, deren Beschaffung er den Schülern aufträgt.

Zu dem Material, das die Schüler beschaffen sollen, muss jedoch hinzugefügt werden, dass niemand verlangen kann, dass ein Schüler teure oder schwere Sachen mit in die Schule bringt. Ebenso wenig darf man als selbstverständlich voraussetzen, dass jeder zu Hause einen Fernseher, einen CD-Player, Videorekorder oder einen Computer besitzt oder benutzen darf.

g) Aufbau der Unterrichtsstunden

Die Behandlung eines Themas nimmt normalerweise zwei bis drei Unterrichtsstunden in Anspruch, wobei dies aber nur eine Empfehlung ist; die tatsächliche Dauer hängt vom Thema und dem Einsatz der Schüler ab.

1. Unterrichtsziel festlegen
   Zuerst wird das Unterrichtsziel, wie oben beschrieben, festgelegt. Der Lehrer teilt den Schülern den Titel der Unterrichtseinheit mit und dieser wird in den Schülermappen niedergeschrieben.

2. Unterrichtsgespräch
   Ein erstes Unterrichtsgespräch hilft, das Thema zu erfassen und einzugrenzen.

3. Festhalten der zu behandelnden Punkte
   Fragen werden während des Brainstormings gestellt und gegebenenfalls für eine spätere Beantwortung gesammelt. Die Schüler können sich Notizen machen.

Der Lehrer stellt mit der Klasse eine Liste der Fragen auf, die behandelt werden sollen. Diese Liste umfasst die Fragen der Schüler ebenso wie die Punkte, die vom Lehrer für eine vertiefende Besprechung vorgesehen werden.

4. Dokumente sammeln
   Nachdem die verschiedenen Nachforschungs- und Besprechungspunkte gesammelt wurden, stellt man die Dokumente zusammen, mit deren Hilfe man Antworten auf die gestellten Fragen finden will. Danach werden die zu erfüllenden Aufgaben verteilt, insbesondere was die Beschaffung und die Verwaltung der Dokumentation anbelangt. Wenn nötig, lässt der Lehrer die Klasse in Gruppen und in Freiarbeit vorgehen.

5. Erkenntnis gewinnen und gegebenenfalls Lösungen suchen
   Anhand der Antworten, die unter Zuhilfenahme der gesammelten Dokumente gewonnen wurden, werden möglicherweise Konfliktsituationen identifiziert. Die Ursachen werden gesucht und gangbare Lösungen vorgeschlagen.

6. Auswertung der Resultate und Diskussion mit freier Meinungsbildung
   Abschließend wird der gesamte Besprechungsverlauf des Themas noch einmal durchdiskutiert und die gewonnenen Resultate ausgewertet. Die Schüler können frei ihre Meinung äußern, müssen dies aber nicht unbedingt tun.

7. Festhalten des Ablaufs der Unterrichtsstunden und der Resultate
   In den Mappen der Schüler wird der Unterrichtsverlauf mit den wichtigen Punkten festgehalten.
   Eine zusammenfassende Schlussfolgerung wird niedergeschrieben, wobei auf eine größtmögliche Neutralität und Objektivität geachtet wird – jeder Schüler behält ja das Recht, sich seine eigene Meinung zu bilden.

8. Ausdehnen, Ausweiten des Themas
   Im Laufe der Erarbeitung einer Unterrichtseinheit sind neue Kompetenzen entstanden. Es wird geprüft, ob dieses neue Wissen auch in anderen Bereichen anwendbar ist.

9. Ein besonderer Fall: Arbeiten mit Texten

Bereitet man eine Unterrichtseinheit vor, so gibt es verschiedene Möglichkeiten:
- man wählt ein Thema aus dem Lehrplan aus;
- man entscheidet sich für ein Aktualitätsthema;
- ein Text dient als Diskussions- und Arbeitsbasis.

Während die beiden ersten Alternativen üblicherweise ein einziges, klar definiertes Unterrichtsziel verfolgen, das mit der vorgestellten Methodik[1] zu behandeln ist, so stellt die dritte Möglichkeit andere Anforderungen an den Lehrer. Ein Text ist inhaltlich naturgemäß komplexer als ein in einer Überschrift formuliertes pädagogisches Ziel. Dementsprechend durchdachter muss die Unterrichtsvorbereitung sein.

a) Auswahl des Textes

Ein Text, der sich für den Ethikunterricht eignet, kann entweder sehr kurz, eine oder mehrere Seiten lang sein, oder auch ein dünnes Buch füllen.
Als sehr kurzer Text eignet sich beispielsweise ein kleiner Zeitungsartikel. Aus diesem wird dann der zu behandelnde Inhalt herausgeschält und mit der gewohnten Methode behandelt. Allerdings muss man bei Zeitungsartikeln vorsichtig sein: Sie sind gerne politisch oder ideologisch gefärbt, was dem Gebot der Objektivität und Neutralität widersprechen würde. Will man also einen Zeitungsartikel als Gesprächsbasis benutzen, so sollte man darauf achten, dasselbe Geschehnis in mindestens drei, politisch oder ideologisch verschieden orientierten Zeitungen nachzusuchen, und es den Schülern dann auch in den drei Interpretationen anbieten.

Ein Text, der sich über eine oder mehrere Seiten erstreckt, kann verschiedene behandelnswerte Themen enthalten. Der Lehrer hat dann die Wahl, auf alle Themen gleichermaßen oder auf ein bestimmtes Thema intensiver einzugehen und die übrigen Themen bloß zu streifen.

Besteht der Text aber aus einem ganzen Buch, auch wenn es nicht allzu voluminös ist, so hat der Lehrer dieses Werk sicherlich deshalb ausgesucht, weil es viele Themen aufgreift, die in den Werteunterricht hineingehören. Die Lektüre dieses Buches wird dann immer wieder zu ethischen Besprechungen Anlass geben. Die Schwierigkeit liegt allerdings dann darin, das Interesse der Schüler auch über einen längeren Zeitraum hinweg wachzuhalten.

b) Stellung des Textes im Ablauf der Unterrichtssequenz

Ähnlich wie das Rollenspiel kann ein Text auf vielfältige Art und Weise eingesetzt werden:
- als Einstieg in ein neues Thema;
- zur Illustration eines aktuellen Geschehens;
- als Zentralverfahren einer Unterrichtseinheit;
- als Unterbrechung in einer eintönig gewordenen Unterrichtsstunde;
- zur Zusammenfassung des Besprochenen.

[1] Siehe Kapitel 8 „Ein allgemein anwendbares Behandlungsschema von Unterrichtseinheiten“

Es sei an dieser Stelle allerdings darauf hingewiesen, dass es wenig ratsam ist, das Lesen eines Textes (außer in Ausnahmefällen) als abschließende Aktivität vorzusehen: Es kann allzu leicht geschehen, dass eine neue Diskussion entfacht wird, die dann das ursprüngliche Unterrichtsziel nicht mehr klar erkennen lässt.

c) Behandlung des Textes

Die Behandlung des Textes hängt sehr vom Textinhalt und von den Schülern ab. Je nachdem, wie er eingesetzt wird, wird er schrittweise eingeführt, als Stilllektüre angeboten oder gemeinsam gelesen. Unabdingbar ist jedoch immer, dass der Lehrer prüft, ob auch alle Schüler den Inhalt in seiner Integrität verstanden haben, bevor das eigentliche Unterrichtsgespräch beginnt.

10. Musterstunde kurz skizziert

Wie bereits an anderer Stelle erwähnt, geht der Ethikunterricht davon aus, dass bereits ein gewisses sachliches Wissen vorhanden ist. Am Beispiel dieser Musterstunde wird dies noch einmal verdeutlicht: Objekt dieser Unterrichtseinheit ist es nicht, die Straßenverkehrsordnung zu lernen, sondern, wissend um die Regeln, die den Verkehr bestimmen, sich seiner Verantwortung gegenüber anderen und sich selbst bewusst zu sein.

Ein selbstverschuldeter Unfall

I. Unterrichtsziel

Sich seiner Verantwortung gegenüber anderen und sich selbst bewusst zu werden.

II. Zugehörigkeit zu einem Thema

Leben in der Gesellschaft.

III. Didaktische Analyse (Was?)

Am Beispiel eines Passanten, der bei Rot die Fahrbahn überquert und dabei einen Unfall verursacht, wird aufgezeigt, dass man durch verantwortungsloses Verhalten sich selbst und anderen schaden kann.

1. Geschehnisse:
   Eine Person läuft bei Rot über die Straße und wird von einem Fahrzeug angestoßen. Der Fahrer des Unglücksautos reißt das Steuer herum und erfasst weitere Passanten auf dem Bürgersteig. Einige Verletzte.

2. Sachliche Aspekte:
   Die Person: unbekannt, männlich, in Eile, etwa 30 Jahre alt, verletzt.
   Die Straße: dreispurig, Ausfallstraße, keine Kreuzung.
   Ampel: Fußgängerampel.
   Das Fahrzeug: Sportwagen.
   Der Fahrer: Sonntagsfahrer.

3. Moralische Aspekte:
   Warum lief der Mann bei Rot über die Straße?
   Was waren seine Beweggründe?
   Macht er das öfters?
   Bringt er damit andere Menschen in Gefahr?
   Hat er ein Recht darauf?
   Handelte er aus Überlegung oder aus Unachtsamkeit, Unüberlegtheit, Dummheit, Rücksichtslosigkeit ...?
   …

IV. Methodische Analyse (Wie?)

Das Geschehen wird analysiert, bildlich dargestellt und besprochen.
Durch welche Faktoren kam es zu dem Unfall?
Wer wurde verletzt?
Wer trägt die Schuld?
Meldungen über Unfälle werden in Zeitungen gesucht.

Dokumentation erstellen:

- Zeichnung
- Beschreibung
- Fotos
- Untersuchung
- Bestimmungen
- Zeugenaussagen
- Interview
- Film
- Video
- Radio
- Fernsehen
- Zeitung
- Magazine
- Plakate
- Fachleute
- Fachliteratur
- Internet
- …

Rollenspiel: Im Gerichtssaal.

Folgerung: Durch verantwortungsloses Verhalten kann man sich selbst und anderen schaden.

Ausweitung des Themas: Nicht nur Einzelpersonen, sondern auch ganze Nationen können sich selbst und anderen Nationen durch verantwortungsloses Handeln schaden. Beispiel: massive und anhaltende Luftverschmutzung.

V. Materialien

Zeichenmaterial
Evtl. Landkarte

VI. Aufbau der Unterrichtsstunden

1. *Unterrichtsstunde*
   Der Lehrer hat einen Text vorbereitet, der über den Unfall berichtet. Er wird gemeinsam gelesen.

Ein Titel für die Unterrichtseinheit wird niedergeschrieben (etwa: Ein selbstverschuldeter Unfall).
Sachanalyse des Geschehens. Bildliche Darstellung des Unfallhergangs. Besprechung.
Fragen zur Verantwortung der Beteiligten werden schriftlich festgehalten.
Mögliche Orte der weiteren Dokumentation werden identifiziert und die Aufgaben (Nachschlagen) unter den Schülern verteilt.

2. *Unterrichtsstunde*
Die Dokumentation ist jetzt verfügbar. Sie wird durchgesehen, verglichen mit dem selbstverschuldeten Unfall, und besprochen.
Antworten auf die Fragen zur Verantwortung der Beteiligten werden gesucht und geprüft.
Ein Rollenspiel (Im Gerichtssaal) verdeutlicht die Schuldfrage.
Eine allgemeingültige, neutrale Konklusion wird gezogen (siehe S. 52).
Ausdehnung, Ausweitung des Themas: Beispiel siehe S. 52.

11. Öffnung des Ethikunterrichts für neue Fragestellungen

Durch seine Architektur ist der Ethikunterricht ein offener Unterricht: offen für neue Fragestellungen, offen für den fächerübergreifenden Unterricht, offen für jedes Thema. Er ist an keine Zeit und an keinen Ort gebunden. Er ist frei von Ideologien, von Politik und von Religionen. Er ist offen für neue Ideen und für fremde Kulturen. Und er steht allen Schülern jeder Altersklasse offen, „ohne irgendeine Unterscheidung, wie etwa nach Rasse, Farbe, Geschlecht, Sprache, Religion, politischer oder sonstiger Überzeugung, nationaler oder sozialer Herkunft, nach Eigentum, Geburt oder sonstigen Umständen (…)“.

Der Ethikunterricht ist ein Fach von heute für die Welt von morgen.

12. Impulse für neue Themen

Eine praktisch unbegrenzte Zahl von möglichen Themen, die sich für den Ethikunterricht eignen, findet sich schon jetzt in allen denkbaren Bereichen z. B.:

1. Impulse bezüglich der aktuellen menschlichen Gesellschaft

- Das Recht auf ein gutes Leben für alle Lebewesen.
  Woher kommt die Behauptung, die Menschen hätten mehr Rechte auf der Erde als die anderen Mitbewohner?

a) Dasselbe Recht auf Leben für alle Lebewesen

Es ist nicht damit getan, Tiere artgerecht zu halten und realistischen biologischen Ackerbau zu betreiben. Dies sollte eine Selbstverständlichkeit sein. Zusätzlich aber sollte man sich Gedanken darüber machen, wie wir Menschen, die Starken in der Natur, allen Lebewesen bestmögliche Bedingungen für ein gutes Leben schaffen können.

b) Charta für die Gleichbehandlung alles Lebenden

1948 haben wir Menschen uns gleiche Rechte für alle gegeben. Es ist nun an der Zeit, eine neue Aufgabe anzugehen, nämlich eine Charta auszuarbeiten und anzuwenden, die allem Lebenden das gleiche Recht auf ein gutes Leben gibt. Das mag für manchen unrealistisch klingen. Man sollte aber bedenken, dass noch vor kurzem ein Teil der Menschheit als Sklaven gehandelt und als Gegenstände behandelt wurde. Heute sollte man die Aufgabe anpacken, die Menschen zu einer Mentalität zu befähigen, die sie soweit bringt, dass sie aufhören, Pflanzen und Tiere als Gegenstände anzusehen. Vielleicht könnte man sogar die Menschen dazu bringen, Tiere und Pflanzen zu lieben und dementsprechend zu respektieren.

- Die Dinge beim Namen nennen.
  Vieles wird schöngeredet, damit man sich nicht wirklich damit zu befassen braucht. Warum eigentlich? Warum nicht die Dinge beim Namen nennen?

- Eigentum: Was ist das eigentlich?
  Die Frage kann auch anders gestellt werden: Ist es überhaupt möglich, etwas zu besitzen? Rechtlich schon, aber in der Wirklichkeit?

- Wem gehört die Natur?
  Das ist eine Frage, die man sich z. B. in Europa schon viel früher hätte stellen müssen. Vielleicht hätte man, anstatt die Indianer auszurauben und zu ermorden, zuhören sollen als sie sagten: „Die Natur gehört nicht uns, wir gehören der Natur.“

- …

2. Wachsendes Wissen über unsere Welt
Eigenartigerweise kennen wir den Weltraum besser als die Meere. Doch die Forschungen werden jetzt intensiviert und man vermutet, dass unzählige bis jetzt unbekannte Formen von Leben entdeckt werden könnten. Sie werden ein neues Licht auf die Entstehung des Lebens überhaupt werfen.

3. Auf die Zukunft bezogene Impulse
So wie man sich vor langer Zeit nicht ausmalen konnte, mit welchen Entwicklungen und den damit verbundenen moralischen Fragen wir uns heute auseinandersetzen müssen, so wenig wissen wir, welche neuen Fragen auf die Schüler von heute in ihrem Erwachsenenleben zukommen werden.

Einige dieser zukünftigen Fragen sind heute aber zumindest schon andeutungsweise vorhanden. Z. B.:

- Im Bereich der Eroberung des Weltalls.
  So wie damals Europäer nach Amerika ausgewandert sind, so werden in Zukunft die Menschen den Weltraum besiedeln. Und dann werden wieder die Fragen gestellt werden: „Wem gehört was?“ und „Welches Recht soll hier gelten?“

  Und was wird geschehen, wenn die Menschen im All auf fremdes Leben stoßen? Man mag über diese Frage lächeln, aber ist es wirklich gescheit zu glauben, der Mensch sei das höchstentwickelte und intelligenteste Lebewesen im Weltall?

BRIGG Pädagogik VERLAG Der neue Pädagogik-Fachverlag für Lehrer/-innen **BRIGG Pädagogik VERLAG**

Praxisratgeber für den pädagogischen Alltag!

Peter Köck

Wörterbuch für Erziehung und Unterricht

Das bewährte Fachlexikon für Studium und Praxis

Ca. 720 S.,
kartonierte Ausgabe
Best.-Nr. 294

gebundene Ausgabe
Best.-Nr. 332

Völlig neu bearbeitet: das umfassende Nachschlagewerk!

Das umfassende Nachschlagewerk für die erzieherische Praxis, für Studium, Aus- und Weiterbildung! Mit **über 3.300 Stichwörtern** aus den Bereichen Pädagogik, Didaktik, Psychologie, Soziologie und Medizin!

Rainer Glas / Johanna Schlagbauer

Pädagogik am Gymnasium

Praxiswissen für den Berufseinstieg

256 S., kart.,
Best.-Nr. 283

Dieses **Standardwerk** bietet Material vom Klassenmanagement über die Disziplinierung bis zur Bewältigung von Gewalt, Mobbing und Bullying in der Schule. Planung, Organisation und Gestaltung von Unterricht und Lernen, die Beurteilung von Schülerleistungen und die Evaluation von Unterrichtsprozessen sind wichtige Teilbereiche. Mit dem Thema Schulentwicklung werden Innovationen und Qualitätsbegriffe sowie die Merkmale einer messbaren Unterrichtsqualität dargestellt.

Bestellcoupon

Ja, bitte senden Sie mir / uns mit Rechnung

______Expl. Best-Nr. ____________________

______Expl. Best-Nr. ____________________

______Expl. Best-Nr. ____________________

______Expl. Best-Nr. ____________________

Meine Anschrift lautet:

Name / Vorname

Straße

PLZ / Ort

E-Mail

Datum/Unterschrift Telefon (für

Bitte kopieren und einsenden/faxen an:

Brigg Pädagogik Verlag GmbH
zu Hd. Herrn Franz-Josef Büchler
Zusamstr. 5
86165 Augsburg

☐ Ja, bitte schicken Sie mir Ihren Gesamtkatalog zu.

Bequem bestellen per Telefon / Fax:
Tel.: 0821 / 45 54 94-17
Fax: 0821 / 45 54 94-19
Online: www.brigg-paedagogik.de